大宋太后刘娥传

鲁 岩 著

中国书籍出版社
China Book Press

图书在版编目（CIP）数据

大宋太后——刘娥 / 鲁岩著. -- 北京：中国书籍出版社，2020.1
ISBN 978-7-5068-7632-2

Ⅰ.①大… Ⅱ.①鲁… Ⅲ.①皇太后 - 传记 - 中国 - 宋代 Ⅳ.①K827=44

中国版本图书馆CIP数据核字（2020）第006609号

大宋太后——刘娥

鲁 岩 著

责任编辑	王志刚
责任印制	孙马飞　马　芝
版式设计	添翼图文
出版发行	中国书籍出版社
地　　址	北京市丰台区三路居路 97 号（邮编：100073）
电　　话	（010）52257143（总编室）（010）52257140（发行部）
电子邮箱	eo@chinabp.com.cn
经　　销	全国新华书店
印　　刷	北京温林源印刷有限公司
开　　本	880毫米×1230毫米　1/32
字　　数	220千字
印　　张	5
版　　次	2020年1月第1版　2021年4月第2次印刷
书　　号	ISBN 978-7-5068-7632-2
定　　价	42.00元

版权所有　翻印必究

前　言

刘娥的一生是中国历史上的一个传奇。她的美貌、睿智、狡黠、狠毒、领导艺术及人格魅力，都为后世文人墨客津津乐道，褒贬不一，千百年来喋喋不休。她是怎样从一个孤苦伶仃的寻常人家女子，变成了宋真宗的皇后？她为什么要突破人伦道德的底线，偷梁换柱地获得皇子？她是怎么能够在朝纲森严、众臣非议中，展开铁腕手段，排除异己，登上权力的高峰。她为什么在垂帘听政之时，功绩显赫，有能力像武则天一样称帝，而没有去做？九百多年来，她的一生是历史，也是传奇。她的历史功过，犹如那件临终脱下的龙袍，任由后人评说。

本书以刘娥富有传奇和争议的一生为主线，全面、详细地描述了刘娥的成长及生活经历、婚姻关系、行事模式、掌权经历以及执政策略等，力求真实地创作一部历史人物传记作品。当然，本书并非一本历史学著作。因此，本书在尊重历史的基础上，大胆地进行了文字再创作和艺术加工，以期为读者带来最大的精神享受及阅读享受。

由于学识浅薄，加之时间仓促，本书可能存在不当之处，诚望各位读者提出宝贵意见，在此先予以致谢。

目　录

第一章　苦难的童年…………………………… 1

　　刘娥出生时，其母亲庞氏曾梦到明月入怀，醒来后便生下一女，取名刘娥。刘娥出生不久，刘通便奉命出征。不料病死于军中。因刘通无子，家道中落，庞氏只好带着襁褓中的幼女刘娥，寄居娘家。

第二章　京城奇缘…………………………… 6

　　刘娥正准备干活儿之时，忽听大门"吱嘎"一声响，只见有几个人闯进院落。其中间一人，年纪甚轻，穿戴华贵，生得龙眉凤眼，仪表堂堂。随跟着的四人，也都是深宅王府仆人的打扮。

第三章　棒打鸳鸯…………………………… 11

　　张旻11岁时，就被太宗选为襄王的童仆。从此，张旻便成为襄王的贴身近侍了。张旻心眼活，脑子灵，侍奉襄王真可谓细致入微，十分周全。太宗下令驱逐刘女，他遵从襄王的指令将刘娥暗中收留在自家中，他让老母亲称刘娥为外甥女，并且对外保密，又为刘娥安排了两名婢女伺候。

第四章　寄居生涯……………………………………16

　　刘娥诵读着太子的词，激动得不禁潸然泪下。太子没有忘记她，太子把他对自己的思念转化成一首含情脉脉的词，来抒发和表达！她能够理解太子现在的处境，太子现在是储君，正在潜心学习诗书、典籍和从政理念，为将来继位施政打好基础。

第五章　破镜重圆……………………………………21

　　真宗不胜欢喜，每日朝罢，即回后宫刘娥处。但刘娥力劝皇上多到皇后的住处，不要老是到她这里来。皇后得知很是满意，就在真宗面前极称刘氏之贤，劝真宗给刘娥一个名分，以示豁达宽容之心。

第六章　御驾亲征……………………………………25

　　契丹的本意不在战，不过劫掠些财帛，借此试探新皇帝的举动，看他有无胆量。现在听得真宗御驾亲征，已至大名，料知是个英明果断之主，倘若与战，必难取胜，早已带了沿途掳掠的金银玉帛，遁将退去。

第七章　裴济血溅灵州………………………………30

　　刘娥歌舞罢，喜得真宗赞不绝口，深情地说道："后庭一曲，歌舞之妙，不能有二。爱妃娇姿艳态，历历如画，卿之才华，并与贵妃媲美矣。"

目 录

第八章　李继迁之死……………………………………… 35

此时，刘娥是喜是悲，不得而知。但是面上的工作，还是要做的。在得知皇子赵祐生病以后，刘娥显得比郭皇后还要忧心忡忡。为了给皇子赵祐祈福，刘娥甚至在雪花飞扬，寒冷的时节，赤着双脚跪在雪地上祈祷，祈求神明保佑赵祐早日康复。

第九章　澶渊之盟………………………………………… 41

澶州城古称澶渊，夹黄河南北岸修筑两座城池，为京师北方重镇。真宗毕竟没有先皇太祖、太宗那样的沙场经历，难免有些恐慌和紧张，所以只答应驻跸南城，不愿再渡河踏入北城。随行的枢密副使冯拯也认为天子踏入北城风险太大，不如就在南城坐镇指挥。其他的大多数文臣也因恐惧都反对渡河。

第十章　东封西祀………………………………………… 48

澶渊之盟罢兵，张耆迁英州防御使，侍卫亲军马军都虞候。张耆处事甚谨。此次应召来京师组建泰山封禅安全侍卫兵马时，顺便拜谒了修仪刘娥。

第十一章　以李代桃……………………………………… 53

真宗就命刘承珪把王捷找来，当面垂问。那王捷本是捏造出来的这番谎言，为求取富贵的。他见真宗落入圈套，召见询问，心中暗自欢喜，就把谎言说得格外婉转动听，好像真的遇见了神仙一般。

3

第十二章　正位中宫 ······ 58

刁氏听了,不禁喜上心头,眉头一皱,计上心来,便对郭槐如此这般地说了一番,郭槐听了,高兴地说道:"妙,妙!若真能办成,使刘妃有了皇子,你真有不世之功啊!"又嘱咐临期不要误事,又给了刁氏好些东西,刁氏欢喜而去。

第十三章　王旦罢相 ······ 63

在金华宫这边,因刘娥生了皇子,又被真宗册立为后,越发显得富贵荣耀,其他的嫔妃、宫娥纷纷前来探视,祝贺!但也有人背后嘀咕猜疑。

第十四章　册立太子 ······ 69

张耆又说道:"娘娘,臣只是一名中级武将,立太子之大事,最好委托朝廷中书省的官员上书。这样才能引起皇上的重视,才能说动皇上。"

第十五章　寇准罢相 ······ 76

寇准奉诏进京,有门生劝其说道:"先生若至河阳,称病不入,坚求外补,乃是上策;倘或入觐,即面奏乾佑山天书,不得认为是真的,乃是中策;若再入中书,自堕志节,恐要变成下策了。"寇准不以为然,竟入都朝见。

目 录

第十六章　祸起萧墙……………………………… 83

真宗同意罢免寇准的相位，刘皇后十分高兴。她急忙叫宫女将在门外等候的丁谓和钱惟演二人宣进宫来。在刘皇后的催促下，真宗只得让他们起草一道罢免寇准相位的圣旨。然而在草拟圣旨期间，真宗又提出了一个古怪的问题："卿等认为，罢免寇准相位后，如何安排他，该当何职？"

第十七章　朱能反叛……………………………… 89

寇准自周怀政走后，闭门不出，唯暗侦宫廷消息。过了数日，忽闻周怀政被捕下狱，又闻得刘后在后宫挫败了一起突发的袭宫事件，领头者内殿承制杨怀仁和周怀信已毙命于暴乱现场。

第十八章　太后听政……………………………… 94

因当初册立皇后时，李迪谏阻，刘太后深为怨恨。丁谓欲取太后欢心，更因与寇准有嫌隙，索性将二人视为朋党，复添入李迪、寇准故友，奏请一一加罪。太后自然准奏，即命学士宋绶草诏，再贬寇准为雷州司户参军，李迪为衡州团练副使。就连曹玮也谪知莱州。

第十九章　丁谓被贬……………………………… 99

修建皇帝陵寝是件十分重要的大事，真宗陵寝按规定七月竣工，绝不允许耽搁拖延。只因雷允恭串通丁谓擅自移动皇堂位置，造成工程搁置而难以进行了。现在时间已到了五月下旬，眼见得大行皇帝的陵寝不能按时竣工，葬礼也无法如期举行了。罪责重大，使得太后大动肝火，立即宣冯拯觐见。

第二十章　王钦若复拜相……………………104

太后苦思冥想，终于想起一个人来，这个人便是王钦若。王钦若是真宗时期名相，他机智敏捷，因与丁谓不和，被贬出京城，以刑部尚书的身份任江宁知府。太后罢斥丁谓后就想找一个能够支持她执政的心腹，无疑王钦若正是合适人选。复召王钦若入都，用为平章事。冯拯也因身体多病，降为河南知府。

第二十一章　鱼头参政……………………109

刘太后在管制群臣上用于心计。在一次封赏仪式上，刘太后让大臣们把自己的子女、亲戚的名单报上。大家以为是要从中提拔选用一批官员，纷纷上报。名单都列得长长的，就怕遗漏，能包括的全包括了。刘太后便把名单绘制成图表，名为"百官公卿亲族表"，挂在自己的寝室。如有人推荐某人当官，她就查看那张表，除非验证有奇才，列入者基本不用。

第二十二章　诗书将军……………………114

提到刘平，是一位经历颇为传奇的将官。他的父亲刘汉凝是一名行伍出身的武官，曾追随宋太宗亲征北汉，立有军功。宋真宗景德元年（1004），曾奉命以北边巡检的身份配合大将荆嗣，在莫州（今河北省任丘市北）一带阻击过辽兵南侵。

第二十三章　曹利用遭贬⋯⋯⋯⋯⋯⋯⋯⋯⋯⋯120

提起曹利用，罗崇勋还一肚子气。曹利用担任枢密使，实际上就是朝廷的兵马大元帅，自觉得自己是太后一人之下，万人之上的人物。平日在朝廷里狐假虎威，不把丞相王曾放在眼里。上朝时排班位，总要站在第一位，把丞相王曾放在身后。入宫觐谒太后时，从不把宫中的内侍放在眼里，稍少怠慢就吹胡子瞪眼，从来不给个好脸子。

第二十四章　王曾罢相⋯⋯⋯⋯⋯⋯⋯⋯⋯⋯125

丞相王曾闻知后，表示坚决反对。他认为天安殿是朝堂的主殿，其等级之高，地位之尊，无可比拟。在宋朝的礼制中，只有皇帝才能登此宝殿，享受被百官朝拜的特权。副相吕夷简没有表态，在王曾的坚决反对下，太后受册典礼只能在偏殿举行。

第二十五章　仲淹上疏⋯⋯⋯⋯⋯⋯⋯⋯⋯⋯129

随着岁月的流逝，年龄的增长，赵祯逐渐成熟，处事有了自己的主见和思想。天圣元年（1023），赵祯14岁时，刘太后诏谕为赵祯选妃。朝中的王公大臣纷纷推荐自家的女儿到宫中备选。

第二十六章　皇宫失火……………………………………135

　　在去延福宫的途中，因为时至深夜，所有宫殿的大门都已上了锁。朝廷有令，未经许可擅自开门，便是死罪。面对此情，随行的宫人、侍卫都茫然失措。关键时刻。还是王守规当机立断，令人用刀斧砍断锁环，这才护送仁宗到达延福宫。

第二十七章　乐极生悲命归天………………………………140

　　为此特命直集贤院王举正、李淑等人与太常寺礼官临时制定相关礼制。刘太后想着天子的衮冕拜谒太庙。参知政事晏殊认为应穿王后礼服，《周室》中有明确的记载，是不可违背的，惹得太后怒气冲天。其他大臣唯恐坏了礼制，又惧怕太后怪罪，所以推来推去，迟迟未作决定。

第二十八章　生平任由后人说………………………………144

　　就这样，大宋朝首位垂帘听政的太后刘娥的一生落下帷幕了。刘娥是宋朝历史上非常传奇的一位女子。她生得貌美如花，既能歌善舞，又具有四川女子特有的温柔和过人聪慧泼辣。是一位有功于宋朝的女政治家，史称"虽政出宫闱，而号令严明，恩威加天下"。可以说，此时的刘娥，绝对不亚于西汉时专权的吕后，也不次于唐代的女皇武则天，好在刘娥这人"有吕武之才，无吕武之恶"。

第一章　苦难的童年

刘娥（968-1033），宋史上被尊为章献明肃皇后，在宋真宗末年擅揽了两年朝政。真宗驾崩，13岁的仁宗继位后，尊刘娥为皇太后，她又垂帘听政达十一年之久，是宋朝第一位摄政的太后，功绩显赫。常与汉之吕后、唐之武后并称，史书称其"有吕武之才，无吕武之恶"。但她的一生也颇具争议和富有传奇色彩。

刘娥祖籍太原，其祖父刘延庆曾在五代十国的后晋、后汉时任右骁卫大将军。父亲刘通是宋太祖时的虎捷都指挥使，领嘉州（今四川省乐山）刺史。因此，刘家举家迁至成都华阳。

刘娥出生时，其母亲庞氏曾梦到明月入怀，醒来后便生下一女，取名刘娥。刘娥出生不久，刘通便奉命出征。不料病死于军中。因刘通无子，家道中落，庞氏只好带着襁褓中的幼女刘娥，寄居娘家。

庞氏娘家在华阳也算富庶人家，对庞氏母女疼爱有加。刘娥跟着母亲在外祖父家无忧无虑，幸福快乐地生活着，到了十三四岁时，便出落成身材袅娜、相貌俊俏的姑娘。再加上性情聪慧机敏，琴棋书画、丝弦弹唱，一学便会。刘娥最擅长的是鼗鼓，这鼗鼓乃是一种古乐，久已失传。刘娥天生的聪明资质，能按自己的意思，变化运用，拨将起来，铿锵动人，使人听了她的鼗鼓，愈加觉得她丽质蹁跹，娇艳异常。

但天有不测风云，只可惜刘娥少年时候，命运不佳，父亲死后没几年，母亲一病而亡，外祖父家也是门庭衰弱，最终只剩了个刘娥，孤苦伶仃，无依无靠，常常是有了上顿，没有下顿的。几次想要寻个短见，到阴间去寻找父母，免得在人间忍受这饥寒之苦。

一日，刘娥百无聊赖地站立门前闲望。于无意中遇见一个相士路过。那相士瞧见刘娥的玉容，便戛然而止停下脚步，将刘娥从上至下，仔细打量一番。

刘娥见这相士直愣愣地瞧着自己，连眼也不眨一眨，心内不觉又气又好生奇怪，不觉脸上一红，对那相士说："你这位先生好没礼貌啊，俗话说男女有别，你不好生地走你的路，干吗老盯着我看？"那相士听了此言，赶忙赔笑说道："姑娘，我并非心存什么歹意。只因你的相貌，乃是个大贵之相。我一生相人甚多，今日遇见你这般相貌，还是第一次呢。"

此时，刘娥正在穷极无聊之际，听了相士的话，心中顿时一动，便向那相士问道："你看我能有怎样的大贵呢？要知道我是贫寒之人，没有相金给你，休要讲些谎话骗人。"

那相士说道："我也不要你的相金，请你将双手伸出与我看看，就可以断定身家了。"

第一章　苦难的童年

刘娥被他的话语打动了，便也不避什么嫌疑了，就将一双春葱似的玉手，伸将出来。

那相士看过之后，连连称赞道："你竟是后妃之相，到了中年，还要执掌天下的大权，富贵达到了极点。但目下尚未交运，务要耐定了性子守候，并且一生与姓李的不对，所遇的佳运，几乎被姓李的打破，幸而有贵人扶持，还可逢凶化吉，没有大碍。"

相士的这番话语，旁人听了，可能暗笑，说他是在那里痴人说梦。就是那刘娥听了，也是似信非信的，认为那相士的话，似乎有点悬乎，自己一个女子，贫困到这般境地，又处在贫穷乡间，无人知晓，哪里来的大贵呢？但是自从听得那相士之言以后，心里尚觉得好不欣慰，却把那寻短见的念头全然打消了，每到无可奈何的时候，就把那相士的话拿来宽慰自己一会儿，也就过去了。

说来也巧，不多日，忽然闻知一个做银匠的远房亲戚要到京师开封做生意，这个亲戚名叫龚美，论起来是刘娥的表哥。刘娥心里想："我枉自生得相貌秀丽，满腹才学，埋没在穷乡僻壤，怎的才会有个出头的日子呢？倒不如也跟随表哥到京城去碰碰机缘，或许应了相士之言，有个发迹的日子呢。"想到这里，便拿定了主意，去找龚美，说出要结伴同行的意愿。

龚美开始不肯答应，说道："一是我的盘费无多，只够一人路上的食宿费用。二是这孤男寡女的，一路同行，甚为不便。"

刘娥听罢此言，便笑道："你说的两个意思，我早就打算到了。第一，关于盘费不用忧虑，我有随身的技艺，到处都可以挣得钱来。第二,我们虽然说不是亲兄妹,也是表兄妹,沿路上如有人查问,我自有话回答,必无意外之虞。"

龚美见她这般说法,而且决心已定,无法推辞,只得答应了,携她一同上路。

不久,龚美和刘娥收拾好行装,便踏上了去京师开封的路。

在去开封的路上,龚美不间断地给人家打造金银首饰,挣点小钱。刘娥便打起花鼓来,看的人见她生得俊俏,唱得珠喉婉转,花鼓打得高下疾徐、富有节奏,就格外多给点银钱。

刚开始只是刘娥一个人打花鼓,后来,龚美见打花鼓很赚钱,十分高兴,便特制了一面小铜锣,帮着刘娥打花鼓,演唱起来,居然成了男女二人合演的花鼓戏了。

就这样,龚美和刘娥行在路上,昼行夜宿,经州过县,轰动了不少人。收入的银钱,不但刘娥自己吃用不完,就连龚美也沾了不少的光。过了不少时日,他们便赶到了京师开封,龚美仍去做他的银匠。刘娥把路上赚来的银钱用完了,只得又去卖艺。

京师地面,不比别的州郡,内而宫廷,外而官宦,来往不绝。忽然来了个打花鼓的女子,大家都没有瞧见过这玩意儿,争相前来观看。有时看的人多,四周围起了人墙。只见刘娥打起那花鼓,舞姿轻盈敏捷,看得人眼花缭乱。特别是一阵花鼓过后,又启动朱唇,按节而歌一曲《贺新房》:

　　　　一进门来一见天,
　　　　楚石栏杆排两边。

第一章　苦难的童年

三间正堂闪金光，
堂窗天井四角方。
五星高照大红帖，
鲁班师父来瞟梁。
漆工画匠画彩图，
八字粉墙加牌坊。
里镶九面金银瓦，
外加十道格子窗。

花鼓戏演到此刻，只见人群沸腾，有人高喊："打花鼓那女子，真是美如仙子啊！"

此时，恰巧有个襄王府邸的内监瞧见了刘娥的色艺，便回到府邸中，向一帮同伙说了，并称赞那打花鼓的女子生得怎样俊美，唱得怎样动听。内监们都是一窝蜂的性儿，便不约而同地前来观看刘娥打花鼓。看完之后，又是人人颂扬，个个赞美。因此，把个襄王府邸轰动起来。不久，又传入襄王赵元侃耳中。赵元侃此时尚未立为太子，年少好奇，便决定带几个近待，微服往游。

第二章　京城奇缘

初春的早晨，一缕明媚的阳光从窗子照射进来，屋内显得暖意融融。院子里芙蓉树上的喜鹊"叽叽喳喳"地叫个不停，好像有什么喜事要光临似的。

刘娥和龚美来到京城开封已有数日了，他们租住在一家不大的院落里。早饭后，龚美又外出去做他的银匠活儿了。刘娥想整理一下屋内物品，别看她只有15岁，但做起家务来也是把行家里手。

刘娥正准备干活儿之时，忽听大门"吱嘎"一声响，只见有几个人闯进院落。其中间一人，年纪甚轻，穿戴华贵，生得龙眉凤眼，仪表堂堂。随跟着的四人，也都是深宅王府仆人的打扮。

刘娥是何等的聪明，早已知道这些人不比寻常，急忙走出房门，笑脸相迎，殷勤接待。

刘娥在前，一行人跟随在后，进得堂屋中厅。那个年轻的人便在上面坐下，四个近侍站立两旁。

其中的一个近侍先开口对刘娥说道:"我们府上王爷听说姐姐的花鼓打得好,所以亲来赏鉴,你可打一套来,给我们府上王爷观赏么?"

那个说话的近侍名叫张旻,他所说的王爷正是襄王赵元侃。

刘娥听罢此话,忙躬身搭礼说道:"请官人稍候,待奴婢前去取花鼓来。"说着,就进得里间,穿戴好行装,拿着花鼓,回到中厅。

但见她的装扮很是靓丽,蓝底色的花袄上,五彩绣花是自己手工绣制的传统图案。头上还戴有一个头饰——"牌帕"。右手拿着花鼓,左手握着一块红色丝绸纱巾。

再看她的容颜,清眉秀目,白齿红唇,不施脂粉,却有着一种天生的朴实之美,犹如那一块未经雕琢的宝玉似的招人喜爱。真是"清水出芙蓉,天然去雕饰",别有一种风韵。

襄王顿时被刘娥的美丽容貌所惊诧,竟看得目瞪口呆。片刻,还是那位近侍说道:"开始吧。"

这时,刘娥将身子微微地欠了一下,施礼说道:"客官,请看!"随即便打起花鼓来。

只见她扭动腰肢,左手持着摇鼓,右手甩动丝绢长纱巾,转动摇晃,使得那摇鼓发出清脆悦耳的震响。

鼓声嘭嘭,铿锵悦耳。随着鼓声的节奏,刘娥翩翩起舞,舞步轻盈敏捷,体轻似无骨。俄而舞罢,鼓声尽消。刘娥即刻高唱新音,犹如莺歌鸟鸣,唱将起一段《雪梅修书》来:

自那日与商郎分手后,

分别一日如隔三秋。
我本当随商郎高飞远走，
可老爹锁楼门如同牢囚。
听窗外百鸟声声香闺透，
雪梅女抛珠滚玉泪暗流。
上写着雪梅女顿首百拜，
拜上了商公子贵手拆开。
我和你情真意切相亲相爱，
恨爹爹棒打鸳鸯两分开。
虽然是两分手旧情犹在，
瞒爹爹修书信以表心怀。

　　花鼓舞的一个特点，就是"歌""舞"的结合。唱一曲停下来再舞，舞罢一段再唱。

　　刘娥歌罢此曲，接着又摇起摇鼓，翩翩起舞。这次舞步用的是急鼓节奏，急鼓刚劲有力，激情澎湃。随着鼓点节奏的逐渐加快，刘娥的舞步随之加快，变幻多姿。果真是舞姿优美，绣衣滚动，莲步簇发，而且越舞越快，如同风旋一般。须臾舞罢，鼓停。刘娥又启动朱唇，尽展歌喉唱道：

实难忘，
实难忘商公子苦读书斋，
实难忘商公子志如山海，
实难忘商公子诲我裙钗。

第二章　京城奇缘

劝郎君休得要愁眉不解，
劝郎君海阔量大放宽胸怀，
在书亭描真容情犹在，
雪梅女暂收藏免惹祸灾。

命翠红带与你随身佩戴，
见画像如见我雪梅裙钗，
我和你订终身绝无更改，
秉心愿海誓山盟永不分开。

刘娥歌舞罢，喜得众人拍手叫好！那襄王初见刘娥的芳容，已是目眩神迷，暗中称奇。及见她打起花鼓来，身材娇小玲珑，声调悠扬铿锵，更加怜爱。

刘娥也早觉察这位王爷不是平常之人，有意地目挑眉语，暗送秋波，惹得赵元侃心猿意马，欲火难忍。

襄王赵元侃回至府邸，立时把贴身近侍张旻找来，说道："很久以前便听说蜀地女子'多才慧'，果真如此，我想娶一个四川女子，怎样？"

张旻心领神会地说道："殿下真是慧眼识瑰宝，打花鼓的那个四川女子，果然是一个才女，我这就去召她入邸。"

赵元侃高兴地说道："召她入邸可以，但一定要把事情做好，切不可出半点差错。"

张旻笑着对赵元侃说道："且请殿下放心，保证一切顺利。"

第二日，张旻便找到龚美，把襄王的意愿给他讲了。龚美大宋太后——刘娥。

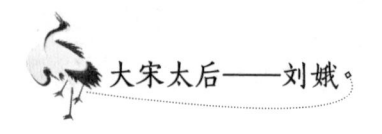

听了喜得眉开眼笑,其实,他因为贫寒,正想在京城找一大户人家,把表妹刘娥嫁出去。未想到襄王府有人来提亲,真可谓是求之不得,便爽快地替刘娥应允了这门亲事。就这样,经张旻的牵线搭桥,刘娥便很快地进入了襄王府。

当下襄王赵元侃细细地询问刘娥的家世,据她自己说先家太原,后徙成都,祖父名刘延庆,曾在晋汉间做过右骁卫大将军,父亲刘通,太祖时曾任虎捷都指挥使,从征太原,中途病殁。因家世清寒,六亲无靠,所以同表哥龚美,转徙来京谋生。

刘娥边诉说,边泪流满面,样子十分凄惨悲切,显得愈加妩媚楚楚动人。这襄王正在少年时候,春心荡漾。那刘娥又生性聪明,机变异常,想着从前相士之言,更加移篙近岸,图个终身富贵。一个是解佩水边,不啻神女;一个是行云梦里偏遇楚王,两下里相怜相爱,如胶似漆,片刻融为一体。

第三章　棒打鸳鸯

自从刘娥进得襄王府后,府中常常是鼓声阵阵,歌声悠扬,真是莺歌燕舞,好不欢乐。因此,也惊动了一人,此人乃是襄王的乳母秦国夫人。

这秦国夫人秉性甚是严厉,见他们这般行经,料定必有情弊,遂告知太宗皇帝赵光义。太宗即传元侃,当面训责,令他立即斥逐刘女,不得留在府中。

襄王不敢违逆,便把刘娥暗中托付了贴身近侍张旻,命他暗中收留,潜置其家。

这张旻家在汴梁也算得上是大户人家。据说是周世宗皇后和太宗懿德符皇后两姊妹的远房亲戚,从陈州宛丘迁居开封。张家发财致富,积资百万,成为当地的富豪。张家在开封城东南隅的汴河南岸建有府邸一座,家有良田百余顷,车马奴仆数十,胜过一个地方上的州郡主。此时,张家老主人已经过世,只有老太太和张旻,母子两人相依为命,过得倒也快乐。

大宋太后——刘娥。

张旻11岁时，就被太宗选为襄王的童仆。从此，张旻便成为襄王的贴身近侍了。张旻心眼活，脑子灵，侍奉襄王真可谓细致入微，十分周全。太宗下令驱逐刘女，他遵从襄王的指令将刘娥暗中收留在自家中，他让老母亲称刘娥为外甥女，并且对外保密，又为刘娥安排了两名婢女伺候。

一切安置妥当后，张旻立即暗中报于襄王。

自刘娥离开襄王府后，府邸顿时沉静如故，毫无情趣，襄王有些失魂落魄。

在接到张旻有关刘娥的安置情况后，顿时恢复了元气，兴高采烈，急不可待地和张旻约定前去看望刘娥的日期。

一日，襄王微服同张旻一起来到张家。府邸虽然不大，倒也是绿树成荫，香花满园。虽无亭台楼阁，数间琉璃瓦房坐落于翠竹之中，显得格外清幽脱俗。

在正厅拜见了张母之后，当襄王与张旻沿着花间小径，来到东边与正房相连的两间闺房时，远远地就听到刘娥那黄莺般清脆悦耳的歌声，细细地听来语调节奏倒也铿锵有力，韵味萦绕。诗曰：

西塞山前白鹭飞，桃花流水鳜鱼肥。
青箬笠，绿蓑衣，斜风细雨不须归。

张旻陪襄王来到房门前，抬手敲了敲房门，口中喊道："姐姐，殿下来看你了。"

"哎，来啦！"房门随即打开，刘娥即刻呈现在面前，只

第三章　棒打鸳鸯

见她花容月貌，含情脉脉地对着襄王拜了一下，说道："奴婢见过殿下！"

襄王微笑着说道："免礼！"刘娥又对身边的婢女小红说道："快去给殿下和张侍卫上茶。"

这时张旻说道："这里有姐姐服侍殿下，我就不进屋了。殿下，小的告辞了。"说完转身而去。婢女小红给襄王和刘娥斟完茶后，便对刘娥说道："姐姐，我要到正厅去侍奉老太太了，有事可随时喊我。"说完也起身而去。

襄王环视了一下刘娥的绣房，只见书案上整整齐齐地摆放着文房四宝，金钩挂着雪白的纱帐，枕边散放着几本翻开的古书，倒是散发着书香的气息。

襄王转过身来，笑着对刘娥说道："贤妹，刚才听到你在吟诗。"

"启禀殿下，奴婢闲来无事，翻看了一下古诗词。特别喜欢中唐时期张志和、韦应物的词。不怕殿下笑话。奴婢在读到张志和的《渔歌子》词时，觉得非常好，禁不住吟出声来。"

襄王听完刘娥的诉说，遂笑道："张志和的词，词语清丽，描写生动，很有民歌风味。另外，还有韦应物、刘禹锡、白居易等人填写的词也是极好的。"

刘娥说道："是的，我也特喜欢韦应物写的那首《调笑》词。"说着便吟诵起来：

胡马，胡马，远放燕支山下。跑沙跑雪独嘶，东望西望路迷。路迷路迷，边草无穷日暮。

刘娥吟罢，便感慨道："韦应物写西北草原风光，气象开阔，雄浑如画，风格遒劲，与当时一般的词风有所不同。"

襄王用惊奇的目光注视着刘娥，未想到这个川妹子，真是名不虚传，不仅能歌善舞，还能诵咏经典，真是一块绚丽的瑰宝，不可多得的才女。因此，对刘娥越发爱怜。

襄王乃太宗第三子，只因长子赵元佐病废，次子赵元僖早夭，所以，太宗与参知政事寇准商议之后，决意立三子赵元侃为太子。遂于至道元年八月，立襄王为皇太子，改名恒，大赦天下。太子受了册宝，自然有许多仪注，参叩社稷，谒见太庙，忙个不亦乐乎。

这一天，太子谒庙还宫，众百姓都扶老携幼，在道边观看。见太子生得年轻英俊潇洒，一齐欢欣鼓舞，遮道拜伏，高声呼道："这才是真天子哩！"众口一词，都是如此，传入太宗耳内，大为不乐，立刻宣召寇准入内，未曾开口，先长叹一声道："朕今天又做错了一件事，你看还有挽救么？"

寇准听了这句话，摸不清太宗是为何事，忙问："陛下因为何事，如此不乐？"

太宗说道："你没看见今天的这种景象么？人心都归向了太子，把朕放于何处呢？朕不是成了赘疣了么？快去想个主意才好。"

寇准连忙再拜称贺道："这正是国家之幸，社稷之福，陛下应该高兴才是，为何反出此言呢？"

太宗听了，心内总是将信将疑，不甚快乐，及至回到宫内，见后妃、宫嫔都一齐叩头称贺，说陛下付托得人，民心归

第三章 棒打鸳鸯

向,将来后福无穷。太宗方才感悟,不觉大喜!又重复出外,赐群臣筵宴,尽欢方罢。

次日又命李沆、李至并兼太子宾客,令太子以师傅礼事二人。因此,太子每见二李,必先下拜。李沆、李至二人亦尽心教诲。至若礼乐诗书,潜心素习。太子赵恒也不负众望,及长就学受经,一览即能成诵。至是立为储贰,入居东宫,人皆称为天授。

襄王被立为太子,又改名赵恒的消息很快就传到了刘娥的耳中。她知道皇太子意味着什么,那就是等到皇上百年寿终时的继位人啊!她是多么的希望被封为太子的赵恒,此时能到她这里来看望她一下啊!她天天想,日日盼,但是自从襄王被立为太子之后,再也没来看过她。难道太子他真的把自己给忘了?难道当初的海誓山盟,就此烟消云散,化为乌有?她感到心内一阵阵隐隐作痛。

所有这些思念,有一天又化成了一首词《长相思》,词曰:

长相思,长相思。若问相思终了期?与君相见时。
长相思,长相思。常把相思托鹭鸶,情深寄锦书。

刘娥没有宫廷使用的金花龙凤笺,只能写在一张普通的白麻纸上。写好后,就叫婢女小红送给张旻,让他转交太子赵恒。

第四章　寄居生涯

一日，太子赵恒学习诗书经略闲暇时，在花坛漫步赏花，近侍张旻来到他的身旁，说道："太子殿下，有你一封书信。"说着，将一封书信交给赵恒。

赵恒接过书信，打开一看是刘娥写的一首思念情诗，便对张旻说道："知道了，你先退下吧。"

没过多久，事情就有了转机。那是个雨过天晴、彩虹满天的日子。由张旻家的婢女送过来一封书信，刘娥急忙打开来看，那是一张金花龙凤笺，上面是太子写的一首《解佩令》词，曰：

山溪花坞，轻飘香雾。柳枝青，莺歌燕舞。数欲传情，奈鸿雁、不曾飞去，倚阑干、咏妾秀句。

思念一度，情浓一度。实难忘、红烛私语。柳径春深，寻梦来、花坛廊庑，月儿圆，与谁共处？

第四章　寄居生涯

刘娥诵读着太子的词，激动得不禁潸然泪下。太子没有忘记她，太子把他对自己的思念转化成一首含情脉脉的词，来抒发和表达！她能够理解太子现在的处境，太子现在是储君，正在潜心学习诗书、典籍和从政理念，为将来继位施政打好基础。

刘娥想到这里，心中有一个计划也不禁油然而生。那就是在张旻家这段时间，自己也要刻苦努力，发奋学习历史典籍，丰富自己的各方面知识，为有朝一日，太子即皇帝位时，接自己进宫，自己一定要协助好皇上治理好国家。

为了给太子祈福和保平安，刘娥又时常去庵中礼佛。

一日，偶至庵中礼佛，忽见一尼姑在庵中菩提树下哭泣，遂上前探问。

那尼姑见是一位面善的姐姐询问，便如实道来。原来，这位尼姑姓李名翠，乃是杭州人氏。祖父名李嗣，在吴越时，曾任金华主簿。父李仁德为左班殿值。钱弘俶纳土归宋，所有家属官僚，均迁至汴京。李仁德亦在徙中，携带儿女至汴。未几，仁德染病身亡。第二年，悲痛欲绝的母亲也病逝了，只剩下李氏和8岁的弟弟孤苦伶仃，相依为命地苦苦挣扎着生活。

后来，李氏实在抚养不了弟弟，就把弟弟托付给族人寄养。自己孤零零的无以为生，遂流入空门，削发为尼。

最近，听家乡的人传来消息说，弟弟从族人家里离家出走，至今下落不明。

李氏说到这里，又伤心地哭泣起来。这时，刘娥见李氏虽然悲痛哭泣，但仍掩饰不了她娇美的容颜，柔和的性情，且举止从容,知是大家闺秀,与之谈论,又知书达理。因与自己同病相怜,很觉惋惜,便安慰她说道:"你且不要悲伤,也许你的弟弟外出另谋生路了,以后肯定能够找到的。"

刘娥话虽然是这样说的,自己本身已出了襄王府,寄居张旻家,虽然有人侍候,并无可以托付的心腹之人,心想,不如将李氏收留在身边,做个心腹之人。因此,便将实情与李氏说明,要带她在身边,蓄起发来,将来不愁没有富贵的时候。

那李氏本因无可奈何才做了尼姑,现如今又知刘娥是太子宠爱之人,此时因不能自主,所以寄居在外面,遮人耳目,日后总要重新入宫的。李氏动了富贵之念,哪有不应之理,便拜谢了刘娥,随她回去,慢慢地蓄起发来。刘娥又为她添了一些衣物,打扮起来,也有几分楚楚动人的俏丽。这样,李氏作为刘娥的侍女,一直和刘娥厮守在一起。

至道三年三月,宋太宗忽患疾病,渐渐不起。内监王继恩因平蜀乱有功,授为宣政使,暗中很想弄权,因太宗抑制宦官,不能得志。现在见太宗将近弥留,他忌太子英明,若继了大位,日后仍难如愿。好在太子的生母李妃,早已病亡,宫内无人援助。寇准又被贬官到登州去了,外面亦无反对之人,尽可于天子驾崩之后,假传一道圣旨,改立楚王赵元佐为帝。楚王是个有狂疾的人,就可以任意摆布了。

王继恩想定主意,就把立嗣变通之事,拿去蛊惑皇后。宫中都是些妇人女子,自然听信王继恩的言语,只要再联络几个大臣,事情就不难办成了。将来论起定策功来,还怕不是推我为首吗?他去与自己最要好的大臣李昌龄、胡旦等人

第四章 寄居生涯

联络好了。等到太宗晏驾,皇后便命王继恩宣召参知政事吕端进宫。

吕端早料到其中必有变故,王继恩前来宣召,就急忙将他邀请到内书室商议秘密事情,等到王继恩进入书室后,吕端马上将房门反锁起来,并吩咐家人看守好了,无论何人前来,都不许开门。

吕端嘱咐已妥,便匆匆入宫来见皇后。皇后见吕端脸色很是庄严,又见王继恩没有同来,心内早就有些胆怯,便哭着说道:"皇上已经晏驾了。"吕端闻言也悲伤地流泪了,他问皇后:"太子何在?"

皇后说:"立嗣以长,方谓之顺。今召卿来,正为商议这事,你的意下如何?"

吕端收住眼泪,正色言道:"先帝选立太子,正是为的今日,还有什么商议呢?请皇后不可听信他人之言,以误国家大事!"皇后默然不语。吕端即命内侍,速迎太子。

等太子到来,亲视大殓。立即伺候太子更衣于福宁殿,垂帘引见群臣。文武百官都排班行礼。吕端平立殿阶不肯下拜,请侍臣卷帘审视,确认太子后,遂退降殿阶,率众臣跪拜,口呼万岁,地动山摇。太子赵恒嗣位,是为真宗皇帝。

新皇帝登基的钟声延绵不绝,在整个汴京城的上空回荡。庄严隆重的典礼正在进行中。

此刻,在张旻家中的刘娥和李翠,也为新皇帝登基而欢声雀跃。她们点燃红蜡烛,跪在地毯上,高呼:"皇上万岁!万岁!万万岁!"

19

而后，刘娥又提议道："在这美好的时刻，咱们就闭上眼睛，许个心愿吧。"李翠说道："好的，姐姐。"

她们两人便双手十指并拢，合起掌来举在胸前，闭上双眼，默默地为自己许起愿来。

片刻，许愿完毕。李翠便笑着问刘娥："姐姐许的心愿是什么？"刘娥也笑着问她："你说呢？"李翠说道："姐姐最大的心愿，就是盼皇上来把姐姐接到皇宫里去。"

刘娥沉静了一下，若有所思地说道："是啊，妹妹说得很对，十几年的恋情，从皇上做襄王时认识开始，做太子到今日嗣位，虽然姐姐孤居一方，但心里无时无刻不在惦念着皇上，期盼着皇上能早日将奴婢接回宫里。"

这时，李翠不知是被刘娥的深情所打动，还是想起自己的不幸身世，忽然潸然泪下，默默地哭泣起来。

刘娥见状，便安慰她说："妹妹是怎的了，又伤起心来？"

李翠抽泣着说道："妹妹真替姐姐高兴，一辈子有人惦念着。只是想到如果姐姐去了皇宫，剩下妹妹一个人孤苦伶仃的怎么办啊？"

这时，刘娥便笑着安慰她说道："傻妹妹，莫担心！姐姐无论何时到哪里去，都会带着妹妹的，这下该放心了吧。"

李翠听刘娥这样说，顿时便破涕为笑了，说道："谢谢姐姐的大恩，以后无论何时，如果姐姐用得上妹妹，妹妹当万死不辞。"

此时，刘娥也乐了，她对李翠说道："一家人就别说两家话了，谁叫咱们姊妹俩同病相怜呢！"说完，两人又相对而笑了。

第五章　破镜重圆

真宗皇帝即位，大赦天下，尊太宗皇后李氏为皇太后。晋封弟越王赵元份为雍王；吴王赵元杰为兖王；徐国公赵元渥为彭城郡王；泾国公赵元偶为安定郡王；季弟赵元俨为曹国公；侄赵惟吉为武仪军节度使。追复涪王赵廷美为秦王，追赠兄魏王赵德昭为太傅；岐王赵德芳为太保。复封兄赵元佐为楚王。加授同平章事吕端为右仆射，李沆、李至并参知政事。

册立继妃郭氏为皇后；真宗原配潘氏，乃潘美之女，端拱元年病殁，亦追赠为庄怀皇后。追赠生母李氏为贤妃，上尊号为元德皇太后，葬先考大行皇帝于永熙陵，庙号太宗。以明年为咸平元年，太宗在位二十二年，改元五次，寿59岁。

真宗皇帝即位之后，所有施赏大典，一律举行。唯王继恩，李昌龄等谋立楚王赵元佐，应该治罪。真宗特降旨，贬李昌龄为行军司马；王继恩为右监门卫将军，安置均州；胡旦除名，长流浔州。

到了改元以后，吕端因老病乞休，李至亦以目疾求罢，乃均免职。特进张齐贤、李沆同平章事，向敏中参知政事。

越年，枢密使兼侍中、鲁公曹彬，以疾卒。曹彬在朝，从不违逆圣旨，亦未尝言人过失。征服西蜀、南唐二国，秋毫无私。位兼将相，不矜不伐，俸禄所入，多半周济贫弱，家无余财。病危时，真宗御驾，亲自登门看望慰问。问及契丹事宜，曹彬答道："太祖亲定天下，还与契丹罢战言和，请陛下善承先志。"

真宗道："朕为天下苍生计，当屈节言和，但此后何人是膺边防之任？"

曹彬又答道："臣子璨、玮均可为将。"

真宗又问二子优劣，曹彬道："璨不如玮。"

真宗见他气喘不已，不便多言，宣慰数语而出。及病殁，真宗异常痛悼，赠中书令，追封济阳王，谥"武惠"。

又越年，太子太保吕端因病卒。吕端为人持重，深知大体。太宗用吕端为相时，有大臣说吕端遇事糊涂。太宗说道："吕端小事糊涂，大事不糊涂。"后来，王继恩趁太宗晏驾，欲谋立楚王赵元佐。吕端机智处置，看出其人城府。吕端重病时，真宗也亲自前往慰问，抚劳备至。殁后，赠司空，谥"正惠"。

真宗皇帝继位后，想到昔日寇准在确立自己太子之位上的贡献。于是，即位不久便升迁其官职，由给事中提拔为工部侍郎。不过，这只是官职的提升，其实际的职务差遣都未变动。

及至真宗皇帝处理好朝中诸事后，静下心来，忽然想起了那个热情奔放、能歌善舞的四川女子刘娥来。

这么多年来寄居在张旻家，刘娥仍然能够潜心学习，琴棋书画无不精湛。自己做襄王时经常去幽会她，尤能与自己诗词

第五章　破镜重圆

唱和，调琴理瑟。两者融为一体，她的美貌，像碧波中的一朵红莲，在晨露中袅娜绽放。而那些汩汩涌现出的细节，更是让他浑身战栗，一刻也安生不得。虽说是"后宫佳丽三千"，但他只宠爱刘娥一人。再也不能让她过那种孤独寂寞的生活了，是时候了，是应该接她进宫了。

翌日，真宗召见参知政事向敏中，商议接刘娥入宫之事。对于皇上召一个宫女进宫，是件很平常的事情。向敏中还建议为新皇帝多召些女子，填充后宫。真宗不允，只许召刘娥一人进宫。

真宗要召刘娥进宫，这事在后宫传开，郭皇后也不觉异常，欣然同意。

不久，果然宫中来了人，把刘娥梳妆打扮了一番，用一乘小轿悄悄地把她接进宫中，侍女李翠也跟随刘娥一起进得宫中。

在正宫，郭皇后及一班嫔妃笑脸相迎，刘娥忙跪下行礼道："奴婢叩见皇后娘娘！"

郭皇后答礼道："快起来，姐姐在外边受委屈了。皇上早先没有跟哀家提起此事，要不然哀家早就劝皇上接你进宫了。"

刘娥忙谢道："奴婢让娘娘劳费心神了，实不敢当，感谢娘娘大恩大德，尚望娘娘宽恕奴婢之罪，加以教诲。"

郭皇后笑道："姐姐不必拘礼，以后有姐姐的陪伴，哀家就多了个知心人说话了。"

刘娥感激地说道："奴婢甘愿侍候娘娘左右，以报答娘娘的大恩大德。"

郭皇后笑着拉起刘娥的手，亲切地说道："哀家已替姐姐安排好了住处。"说着，忙令侍妾："快送哀家姐姐到左房歇息！"

是日，真宗在朝中，听得内侍总管周怀政说，已将刘娥接进宫中，郭皇后也为刘娥安排好了住处，忙匆匆散朝，径往正宫去了。

当晚，郭皇后为刘氏接风，为皇上与刘娥圆房。刘娥推辞一番后，即与真宗相聚一宵，恩爱自不必说。

真宗不胜欢喜，每日朝罢，即回后宫刘娥处。但刘娥力劝皇上多到皇后的住处，不要老是到她这里来。皇后得知很是满意，就在真宗面前极称刘氏之贤，劝真宗给刘娥一个名分，以示豁达宽容之心。

原来，真宗皇后郭氏，谦约惠下，性极俭朴，族属入谒禁中，服饰稍华，即加戒饬。母家间有请托，亦从不允诺。真宗因此甚加敬意，素无间言。刘娥性情极其灵变，在郭皇后面前，侍候十分殷勤。就是与同列杨才人，也甚为和好，御下又宽严得体。因此，宫中尽皆说刘氏贤德，真宗越发宠爱。这次重新召入宫内，即封为才人，破镜重圆，爱怜备至。

第六章　御驾亲征

咸平二年，契丹闻知太宗驾崩，曹彬又殁，宋朝宿将凋零，真宗年纪尚轻，以为有机可乘，遂兴师入寇。

十月，契丹发兵十余万，在瀛州遇阻后，又转攻遂城。

遂城小而孤单，闻知契丹重兵杀来，百姓很是惧怕。是时，杨家将杨业之子杨延昭，方为缘边都巡检使，驻节遂城。当即召集丁壮，编列队伍，各授兵械，按段分派，登陴固守。契丹兵猛攻数次，均为矢石击退。

时值天气严寒，杨延昭命兵士汲水灌城。一夜北风吹来，把这座城池，冻成坚冰，比铁打的还要坚固，而且滑不可攀。契丹兵知道难以攻破，便改道从德隶渡河，进掠淄齐。

真宗闻得契丹兵已深入内地，下诏亲征，命同平章事李沆为东京留守，王超为先锋，车驾随后进发，直抵大名。

契丹的本意不在战，不过劫掠些财帛，借此试探新皇帝的举动，看他有无胆量。现在听得真宗御驾亲征，已至大名，料知是个英明果断之主，倘若与战，必难取胜，早已带了沿途掳

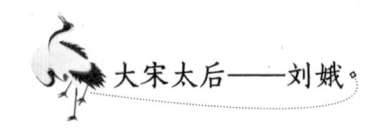

掠的金银玉帛，遁将退去。宋兵追到莫州，乘胜截击，契丹大败，所掠财帛，抛弃净尽，匆忙逃去。

真宗接到捷报，论功行赏，擢范廷召为并州都部署，杨延昭为莫州刺史，李重贵知郑州，张凝为都虞候，并特召见杨延昭，面询边防事宜，杨延昭奏对称旨。真宗大喜，面谕群臣道："延昭之父业，为本朝名将。延昭治兵护塞，绰有父风，真不愧为将门之子。"遂厚赐金帛，令其赴州，真宗即日起驾回京。

是时，真宗还京途中接得川报，益州兵变，推王均为乱首。贼势猖獗，火急求援。

真宗览毕，即日传诏，命雷有终为川峡招安使。李惠、石普、李守伦并为巡检使，给步骑八千名，往讨蜀匪。

雷有终率兵进剿，既复益州，王均乘隙逃脱。即遣巡检使杨怀忠，往追王均。王均逃至富顺监，因无路可逃，只得上吊自缢。官兵驱尽乱匪，擒住乱党六千余人，并割取王均首级，尽报朝廷。真宗下诏，晋升雷有终、杨怀忠等人官爵，遣翰林学士王钦若，知制诰梁颢，往抚蜀民。

真宗銮驾回到京城，朝廷举行盛大宴会，宰相李沆率百官拜呼万岁，李沆奏道："皇上英明，震慑番邦，御驾亲征，番兵望风披靡，狼狈逃窜！我主圣明，凯旋而归。吾皇万岁！万万岁！"

真宗说道："众爱卿免礼，朕此次御驾亲征，仰望众爱卿及将士的奋勇向前，克敌制胜，凯旋归来，还要多感谢众爱卿及将士们呢。"

百官祝贺，山呼"万岁"后，入宴就座。宫廷乐工进场献

第六章　御驾亲征

艺,歌舞升平。

酒过三巡,翰林学士王钦若出班奏道:"皇恩浩荡,双喜临门。"

真宗好生奇怪,笑道:"王爱卿,快快奏来,是哪双喜临门啊?"

王钦若奏道:"一喜为圣上御驾亲征,凯旋而归。二喜为荡平蜀中反贼,蜀民拍手称快!"

真宗道:"蜀中平乱,大获全胜,确是一喜。王爱卿,朝廷先前遣你和知制诰梁颢往抚蜀民,快来说一下蜀民近况如何?"

王钦若奏道:"蜀乱已平,百姓安居乐业。只是朝廷免去牛冕益州知州,蜀中尚无知州。为蜀中的长治久安,叩请陛下尽快委派益州知州。"

这时真宗向宰相李沆说道:"李宰相,对益州知州一职,中书省有无人选?"

李沆出班奏道:"启奏陛下,对益州知州一职,尚无人选。不过,太宗朝时益州知州一职由张咏担任,深得民心,蜀境大治。中书省的意见是还想委派张咏前去任职。"

真宗说道:"李爱卿,中书省要尽快定下人选,呈报奏书。"

李沆答道:"是,遵旨!"

真宗又对王钦若说道:"王爱卿,益州尚无任职,你要和知制诰梁颢同心协力,操办好军政事务。"

王钦若拱手答道:"请陛下放心,臣下必倾心尽力,办好蜀中事务,以报答陛下的知遇之恩。"

真宗笑道:"有众爱卿的一片忠心,是我大宋江山之幸!"

这时，忽然见内侍总管周怀政走来，附在真宗耳旁悄声嘀咕了几句，真宗点头应允。

周怀政手捧拂尘，说道："今日酒宴到此结束，有事禀报，无事退朝。"众大臣徐徐退去。

真宗在周怀政的陪同下，急急地赶往后宫。原来，为了庆祝真宗御驾亲征，凯旋而归，后宫里的嫔妃们也不示弱，她们在皇后的主持操办下，组织编排了一场歌舞庆祝会，邀请皇上莅临现场观摩。

及至真宗赶到后宫时，郭皇后、杨才人等一班嫔妃，早就在现场等候。

郭皇后等嫔妃见到真宗后，立刻跪下奏道："恕臣妾之罪，事前未告知皇上，臣妾组织了一场歌舞庆祝会，祝贺皇上御驾亲征，凯旋而归，以表臣妾的敬佩之意。"

真宗笑道："皇后何罪之有，爱妃们的心意朕就领情了。快快平身！"

郭皇后站起身来，对真宗说道："启禀陛下，为庆祝皇上御驾亲征，胜利而归，现有刘才人献歌舞一曲，以示庆贺！"

真宗先是一怔，俄而高兴地说道："宣刘才人上殿吧。"

郭皇后及一班嫔妃就座后，周怀政高声喊道："宣刘才人上殿！"

这时，大厅一片沉静，在众嫔妃的注视下，刘娥娉婷而来。她那婀娜身段，云鬓高耸，青绿色的袖宽衣，在微微飘动，犹如出水芙蓉。

刘娥来到真宗面前，款款跪下，奏道："臣妾愿献歌一曲

第六章　御驾亲征

《越江吟》，以贺皇上御驾亲征，凯旋而归。"

真宗兴奋地说道："快快平身！"

刘娥起身道："谢皇上！"

又听真宗说道："《越江吟》乃是前朝大臣苏易简所作的词曲，爱妃也会吟唱？"

刘娥听得真宗称自己是"爱妃"，心里是万般激动，真宗可能忘记了，自己现在只是一名侍女，在后宫并无名正言顺的身份和地位。既然真宗这样称呼自己，说明真宗是真的喜爱自己了。

刘娥想到这里，急忙答道："臣妾以前略晓太宗音律，对于太宗创制的乐曲也极为喜欢。大臣苏易简为太宗创制的琴曲填写的新词，极为有名，广为传唱，臣妾愿试！"

真宗高兴地对周怀政说道："周公公，开始吧。"

周怀政说道："谢皇上，乐曲奏响！"

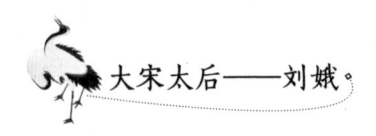

第七章　裴济血溅灵州

在后宫金碧辉煌的正宫大殿里，正在举办一场歌舞庆祝会，以庆贺真宗御驾亲征，凯旋而归。

音乐奏起，刘娥按照乐声的节奏，巧翻彩袖，娇折纤腰，轻轻如彩蝶穿花，款款似蜻蜓点水。起初轻翱轻翔，不徐不疾。而后乐声急奏，她便盘旋不已。一霎时，红遮绿卷，犹如一片彩云在翻滚。须臾舞罢，众乐皆停。只听，刘娥高唱新音，轻翻轻调，呖呖地唱起来：

　　非云非烟瑶池宴，
　　片片碧桃冷落黄金殿。
　　虾须半卷天香散，
　　春云和孤竹，清婉入霄汉。
　　红颜醉态烂漫，金舆转，
　　霓旌影烂，箫声远。

第七章 裴济血溅灵州

刘娥歌舞罢，喜得真宗赞不绝口，深情地说道："后庭一曲，歌舞之妙，不能有二。爱妃娇姿艳态，历历如画，卿之才华，并与贵妃媲美矣。"

刘娥听得真宗如此褒奖，不觉两面颊绯红，忙说道："谢皇上夸奖。"说完，便腼腆退下。

郭皇后笑着对真宗说道："皇上这次御驾亲征，能够凯旋而归，是社稷之大幸，也是臣妾们的福分。"

真宗叹道："皇后统领后宫，母仪天下，为朕分忧，朕也是甚为感动。"

真宗说完，便与郭皇后告辞，径直向正宫左房走去。

这时在左房等候的刘娥，已换了件玄色罗衫，白绸长裙，束一条红色绦绦，色彩夺目。

刘娥见真宗到来，立即跪下请安。真宗说道："免礼，快快请起。"随手便将她扶起。

刘娥的这身打扮，确实吸引了真宗的视线。她太美了，望去令人想到了曹子建笔下的洛水女神。

真宗的第一句话就称赞道："爱妃今天的歌舞太美了，朕本以为爱妃会表演你的拿手戏花鼓舞，未想到爱妃会吟唱《越江吟》，而且音乐曲调铿锵，舞姿绮丽优雅。"

刘娥高兴地说道："谢皇上，臣妾今日吟唱《越江吟》，是特地为庆贺皇上御驾亲征，胜利而归献礼的，欲给皇上一个惊喜！"

真宗笑道："爱妃体贴朕意，真乃朕之大幸。"刘娥听了皇上此言，忙说："臣妾这次歌舞能够顺利演出，也有皇后的功

劳。是郭皇后连日来不辞辛苦，安排赶制臣妾的舞服、首饰及宫廷乐工的音曲搭配。臣妾对郭皇后深感敬佩和谢意！"

真宗感叹道："郭皇后为人仪表，宽厚大度，处处为社稷尽心，朕深为知晓。"

刘娥又深情地说："皇上御驾亲征的这些日子，臣妾无不时刻惦念。都说那契丹兵凶悍，很是为皇上的安危担忧唉。"说着竟潸然泪下，又赶忙用丝绢手帕掩面擦拭。

真宗也为之感动，便安慰她说道："爱妃莫伤心，朕不是完好无损地归来了么。再说，当时形势紧迫，朕御驾亲征，鼓舞将士，威震敌胆，本也是朕的天职嘛。"

这时，刘娥拭干了脸上的泪水，含情脉脉地看了真宗一眼，瞬间转悲为喜，又"扑哧"地笑了一声，说道："皇上能御驾亲征，凯旋而归，真是万民幸运，也是臣妾的福分。"

真宗说道："朕看到如今国强民富，后宫也一片温馨安逸，真的是兴奋不已。"

遂传旨刘才人侍寝，按下不提。

前期益州叛贼王均等被尽数剿灭后，第二年，复命张咏知益州，蜀民闻知张咏至，欢呼相庆。张咏威惠并行，政绩显著。真宗下诏褒美，并令巡抚使谢涛传谕道："得卿在蜀，朕无西顾之忧了。"

西陲已定，北方一带，尚不安宁，西夏，契丹时来扰边。

西夏番王李继迁，真宗即位时上表称贺，且求请封藩。真宗也知他狡诈，只因国有大丧，故从所请，命为定难节度使。不久，他便叛乱，领兵入寇清远军。都监段义叛降，都部署杨

第七章 裴济血溅灵州

琼，拥兵不救，城遂被攻陷。复寇定州，并及怀远，劫去辎重数百辆。幸亏副都署曹璨，召集部兵邀击，才将其击退。这李继迁贼心不死，又去威胁灵州。

是时，恰值同平章事张齐贤，与李沆不甚相得，竟以冬至朝会，被酒失仪，坐免相位，真宗命他为泾原诸路经略使。张齐贤入朝辞行，真宗详问边要，齐贤答道："臣看灵州孤城，陡悬塞外，万难固守，不如弃远图近，徒守环庆，较为省便。"

真宗沉吟半晌，方说道："卿且去巡阅一番，可弃乃弃，可守必守。"齐贤领旨而去，不久就有通判永兴军何亮上奏书，言灵武不可弃。

真宗见了此奏，诏令群臣会议。知制诰杨亿，引汉弃珠崖故事，请速弃灵武，徒守环庆。辅臣又言灵武为必争之地，万不可弃。议论不一，把个真宗弄得犹豫不决，便与宰相李沆商议。李沆说道："保吉不死，灵州终不可保。臣意应遣密使召诸将，令他部署军民，空垒而返，庶几关右尚得息肩，这也是蟹手断腕的计策。"真宗默不语。嗣命王超为西面行营都部署，率兵六万，往援灵州。

张齐贤自任所上书，谓朝廷若决守灵武，请募江南壮丁，往益戍兵。真宗道："商人远戍西鄙，甚属不便，且转足动扞人心，此奏如何可行？"遂将原奏搁起。

越年为咸平五年，李继迁又率兵进攻灵武，截断城中粮道，守兵乏食，灵武遂陷。知灵州裴济，城破率部巷战而亡。李继迁即得灵武，改为西平府，占作都城。

真宗得报，优恤裴济家人，且悔不弃灵武，致丧良吏。又诏令王超屯永兴军,毋得再误。

一日,真宗退朝来到后宫刘娥处,脸上还流露着忧虑之色。刘娥见了,便关心地问道:"臣妾敢问皇上是为何事而忧虑呢?"

真宗见刘才人询问,便将灵州陷落之事和盘托出。

刘才人听后,也觉愕然,便安慰真宗说道:"陛下切莫过于忧虑,胜败乃兵家常事。灵州今日陷落,明日可再遣兵夺回。只是李继迁久为边患,一日不除,直接威胁到我大宋的安危。"

真宗说道:"朕也正在设法解决西北边患呢。"

刘才人接着又说道:"臣妾素闻西夏与吐蕃、回鹘等国多有矛盾、摩擦。李继迁长久抄掠边境,四处为患,必然引起西部两部族的不满。陛下何不采用以吐蕃、回鹘牵制西夏的方法,来打击和削弱西夏的势力呢。"

此时,真宗脑洞大开,高兴地说道:"爱妃所言极是。"于是,下诏于张齐贤,让其依计而行。

第八章　李继迁之死

咸平六年，知镇戎军李继和，上奏书言六谷酋长巴喇济，愿讨李继迁，请授职刺史。张齐贤且上书，请封巴喇济为六谷王，兼招讨使。

真宗见奏，又令辅臣会议。辅臣以巴喇济已为酋长，授职刺史，未免太轻。若骤封王爵，又似太重。招讨使名号，亦不应轻假，乃酌量一职，拟授为朔方节度使，兼灵州西面都巡检使。

真宗准议颁旨。巴喇济奉旨后，表称："感激图效，已集兵六万，静待王师到来，合讨继迁，收复灵州。"真宗优诏嘉许。

既而李继迁攻麟州，为知州卫居室击退。又转寇西凉，杀死西凉府丁惟清，占据城池。

巴喇济居六谷，本为吐蕃部族，也是西凉藩属，当下想了一计，前去诈降。

李继迁尚未知他已受职宋廷，只道是一个番酋，畏势投

诚，未有疑虑，便传见巴喇济。

巴喇济向他跪谒，并说道："大王威德及人，六谷番部，俱愿归降。"说得李继迁满面春风，立命起来，给他旁坐，且抚慰了好言语。巴喇济称谢不置。

李继迁便令巴喇济招徕部落，借厚兵力，巴喇济欣然领诺。遂往招六谷番部，共至西凉，进谒李继迁。

李继迁亲往校场检阅，各番兵俱负弓挟矢，鱼贯而入，报名应选。李继迁正留心查核，猛听得弓弦一响，忙睁眼回顾，恰巧一箭飞来，不偏不倚，正中左目，不觉大叫一声："快！拿刺客！"左右方上前护卫，不料番兵已各出短刀，一哄上前，来杀李继迁。李继迁部下拼命抵抗，且战且逃，好不容易才奔回灵州。再看李继迁伤势，很严重，左目暴痛，眼球突出，一时忍耐不住，晕绝数次，后来终无法医治，命绝归天。李继迁子李德明嗣位，随即遣使赴告契丹。契丹赠李继迁为尚书令，封李德明为西平王。环庆守吏，因李德明初立，部落方衰，奏请降旨招降。

真宗乃颁诏灵州，令李德明自审去就，李德明乃遣牙将王侁奉表归顺，朝议加封李德明。独知镇戎军曹玮，请乘势灭夏。这奏章上达宋廷，真宗未以为然。廷臣亦言伐丧非义，不如恩致李德明，乃授李德明充定难军节度使。寻闻契丹封李德明为西平王，也就封他为西平王。这样西夏主李德明，既臣事宋廷，复臣事契丹，还算安分守己，西北边陲相安无事。

又到腊月隆冬时节，天气十分的寒冷，凛冽的北风裹着雪花飞舞着，远近城郭茫茫的一片雪白。偌大的后宫空荡荡的，

第八章 李继迁之死

人迹寥寥无几，没有了先前的喧闹。郭皇后这几日，心急如焚，她九岁的皇子赵祐，突患风寒，一病不起。如今，皇子赵祐是真宗剩下的独苗。他要是再有什么三长两短的，真宗与郭皇后都会很难受的。特别是郭皇后，因前两个皇子赵禔和赵祇连周岁都未到，都夭折了。这次皇子赵祐再有不测，那她简直是没法活了。

赵祐生病了，后宫里的大多数妃嫔都幸灾乐祸。真宗宠幸的杨淑妃所生的皇子赵祉和赵祈，皆因病而早殇。毕竟这个皇子死了，可以给她们留下获胜的机会。

此时，刘娥是喜是悲，不得而知。但是面上的工作，还是要做的。在得知皇子赵祐生病以后，刘娥显得比郭皇后还要忧心忡忡。为了给皇子赵祐祈福，刘娥甚至在雪花飞扬，寒冷的时节，赤着双脚跪在雪地上祈祷，祈求神明保佑赵祐早日康复。

刘娥的这些善举，让真宗感动不已，更是让郭皇后看在眼里，暖在心里。太医的努力、刘娥的祈祷，没能挽回赵祐的性命，这个九岁的皇子还是病逝了。但是经过这件事后，终于感动了郭皇后，使郭皇后敞开心扉，将刘娥视为手足情深的姐妹，催促皇上给刘娥一个名分。

咸平六年末，真宗下诏改次年为景德元年。元旦令节，朝贺礼毕，京师突发地震，越日又震，过了十几日，复又大震。

真宗乃减免赋税，力加修省。方交夏季，皇太后李氏崩，丧葬已毕，尊谥为明德皇太后。及至新秋，宰相李沆病殁。

真宗因李沆忠良纯厚，始终如一，追赠为太尉、中书令，谥"文靖"。改用毕士安、寇准同平章事，相位方定。

大宋太后——刘娥

景德元年正月，真宗下诏封刘娥为四品美人。刘娥进宫已经五年有余，虽然已经36岁了，但她聪慧温柔，一直获得真宗的专宠。其时，郭皇后之下，只有刘美人最为尊，比刘娥先入襄邸的杨氏，她本是天武副指挥使杨知信的侄女，亦尝通显，但只被封为五品才人。从此，刘娥正式成为后宫妃嫔的一位，终于可以正大光明地和真宗在一起了。

朝廷诸事甫定，稍觉平静，忽然边吏接连报警，奏章犹如雪片般投向朝廷。奏章报称契丹主耶律隆绪与母萧氏，率兵二十万前来侵犯。

真宗忙召廷臣会议，寇准主战，毕士安赞成其议。参政以下王钦若主和、主守，纷纷不一。真宗难以决断。契丹攻陷顺安各军。又转攻北平砦、保州，遇到顽强抵抗未能得手。真宗闻知契丹未能继续获胜，心里稍安。接着又传来定州大捷的喜讯。主战的寇准请求出兵与契丹决一胜负。真宗还在犹豫，石普又从莫州传来消息，契丹派使臣议和。

真宗乃遣门祗候使曹利用到契丹军和谈。真宗告诉曹利用可答应给契丹金帛，但不能割地。曹利用在契丹军大营见到萧太后母子，他们果然要求割地。曹利用拒绝割地。萧太后又下令开始新的一轮进攻，攻陷了德清军，逼近冀州，直抵澶州。

边疆告急，真宗又召集群臣会议。王钦若请真宗到金陵躲避。陈尧叟请真宗到成都躲避。真宗问寇准的意见，寇准说道："什么办法都不如陛下亲征。陛下英明神武，朝中文武将士团结一致，出奇兵迎击敌人，一定会取得胜利。"毕士安支持寇准的意见，也在一旁劝说，真宗终于答应亲征。

第八章 李继迁之死

寇准又保举王钦若镇守天雄军。王钦若不愿到前线去,他恨死了寇准,但因寇准也要随真宗出征,他无法推脱,只好领旨前行。

对于朝廷群臣会议,大臣们的争议和天子的态度,不时由朝堂传到后宫。使得郭皇后、刘美人、杨才人等嫔妃担心不已。郭皇后有碍于后宫干政的嫌疑,避而不去参言朝廷政事。但是刘娥对此确是放心不下,特别是听到真宗依从了寇准的意见,答应亲征后,更是极度担心,生怕真宗在疆场上出现半点安全问题。但是天子亲征既成事实,她又不便在真宗面前说三道四或一些不吉利的话语。后又探听到枢密院副使冯拯将陪同真宗出征,并了解到冯拯办事较稳健,善于逢迎,便在后宫私下会见了冯拯。

冯拯拜见了刘美人,说道:"臣下拜见美人,不知有何吩咐?"

刘美人说道:"冯大人,不必客气。当前辽军来犯,国难当头,嫔妃闻知冯大人力挽狂澜,偕同皇上亲征,深感敬佩。"

冯拯见刘美人单刀直入谈及国事,回避不及,只得诚惶诚恐地答道:"谢美人褒奖,驱逐外虏,捍卫大宋江山和皇上的安全,乃是微臣的第一要务。"

"冯大人说得好啊,今日请冯大人来见,要谈的就是这个'第一要务'。"刘美人对冯拯大加赞赏,又说道:"这次契丹二十万大军来犯,气势汹汹,皇上率兵讨伐,必然是一场恶战,我十分担心皇上的安危。"

冯拯心里十分清楚,虽然刘娥现在不是皇后,但是皇上对她十分宠爱,她的地位和威望不逊于郭皇后。因此,在刘娥面前显得格外尊重。

为了讨好刘娥,冯拯立马表现出一副铮铮铁骨的姿态,对刘娥说道:"请美人放心,这次皇上亲征,我朝文武将士齐心协力,团结一致,定能挫败契丹的侵犯。臣愿以性命担保,皇上龙体安然无恙!"

对于冯拯的铮铮誓言,刘娥感到非常满意,便赞叹道:"有了冯大人这番承诺,我就放心了,我替皇后娘娘向冯大人道谢了。"

冯拯谦卑地说道:"美人过奖了,臣实不敢当。不知美人还有无其他吩咐?臣还有军务要事需要处理,若无其他吩咐,臣就告退了。"

刘娥微笑着说道:"没有其他事情了,祝冯大人偕同皇上亲征,马到成功,旗开得胜!"

冯拯拱手答道:"谢谢美人!皇上洪福齐天,此次亲征定能大获全胜!臣告退。"说完便转身退下。

第九章　澶渊之盟

景德元年（1004）十一月，雍王赵元份留守汴京，真宗起驾亲征。李继隆领军在东，石保吉列阵在西，其余文武将帅簇拥着真宗前行。

宋军的前军到达澶州，李继隆率部与辽军的统领萧挞览遭遇。李继隆的部下张环用床弩将萧挞览射死，辽兵慌忙逃窜。

真宗来到澶州南城，望见黄河北岸辽军营垒星罗棋布，又慌了神，遂令宋军停止前行。

澶州城古称澶渊，夹黄河南北岸修筑两座城池，为京师北方重镇。真宗毕竟没有先皇太祖、太宗那样的沙场经历，难免有些恐慌和紧张，所以只答应驻跸南城，不愿再渡河踏入北城。随行的枢密副使冯拯也认为天子踏入北城风险太大，不如就在南城坐镇指挥。其他的大多数文臣也因恐惧都反对渡河。

寇准只得反复劝说真宗道："陛下不渡黄河不足以鼓舞士气，也不足以震慑敌军气焰，何况各路大军不断赶来，大可不必疑虑。"然而，诸臣都心存畏惧，因此，真宗无论如何也不愿意再向北迈出一步，眼看亲征行动就要半途而废了。

此时，支持寇准的人相当有限，并且主要是随行的军队将领。因为只有军队的将领，才能真正了解和体会到前线广大士兵所承受的体力和精神的双重压力。在最艰苦的时刻，只要能得到皇上的关切和鼓舞，必定能发挥出百倍的激情和力量，就能打败一切来犯之敌。

寇准在真宗面前碰壁后，从临时议事厅出来，遇到殿前都指挥使高琼。他对这位果毅的禁军统帅说："太尉受国厚恩，今日怎么报答？"高将军毫不犹豫地回答道："吾乃武人，愿意效死。"

寇准得到明确的支持意见后，便偕高琼再次去见真宗。他来到堂上，竟厉声对真宗说道："陛下不以臣下意见为准，还可问高琼等人。"高琼立即上奏道："寇大人所言极是，若陛下不赴北城，北城的军民如丧考妣。"闻听此言，陪在真宗身边的冯拯，立即喝道："高琼休得无礼！"

高琼将军再也压抑不住心中的愤懑，当即反唇相讥道："冯大人以文章起家做了二府大臣，如今敌军来袭，你还在责备我无礼，冯大人何不赋一诗咏退虏骑？"

冯拯受到这样的嘲讽，一向自视甚高，又与寇准素来不和的大臣，一时竟语塞，羞愧得无言以对。

真宗毕竟是大宋皇帝，面对两种对立的意见，也要考虑龙颜体面。寇丞相、高将军毕竟是站在道义一边，退缩举动易招人指责。年轻的皇帝思前想后，觉得不能让臣子们小看了自己，不能让北城的军民失望，因此，虽不情愿也得勉强

第九章 澶渊之盟

答应渡河。

真宗在寇准和高琼的劝说下，勉强下令渡河，进驻澶州北城。

真宗登上城楼瞭望，将士们远远地看见皇上的御盖，踊跃鼓舞，齐呼万岁，声闻数十里，气势倍增。广大宋军将士抗敌的斗志立即高涨，于是与辽军展开了殊死的搏斗。

辽军自统领萧挞览被宋军射死后，士气低落，但萧太后还不肯休战。她派遣了几千名士卒到澶州来挑战。

寇准知道这是来探听虚实，遂请求真宗下令痛击辽军。真宗将军事指挥权都交给寇准。

寇准立即下令开城迎击，果然辽兵一见宋军来战，就逃跑。宋军追击上去，杀死大半辽军人马，其余的惊慌逃窜。

真宗听到捷报，留寇准在北城上督战，自己回到行宫。一会儿，真宗还是不放心，就派人去看寇准。稍后听所派的人回来报告，说寇准和杨亿在城上下棋。真宗听后大喜道："寇准这样从容对敌，朕也就放心了。"

数日后，辽兵连败，面对宋军的铜墙铁壁，求胜无望，只得寻求和议。未几，闻曹利用回来，并偕辽廷使臣韩杞，一同求见。

曹利用启奏道："辽廷想要割占关南土地，臣已拒绝。就是赏赐金帛之事，臣也还没轻易答应。"

真宗说道："如果想要割地，我朝宁愿和他决战到底。至于金帛不妨酌情给一点儿，这也不伤国家体面，这也是朕的本意。"

大宋太后——刘娥。

真宗召见韩杞,韩杞跪拜,呈上国书,并说自己奉大辽皇帝旨意,只要宋朝愿意割让关南土地,就可签订盟约。

真宗说道:"割地是不可能的。"然后让曹利用对辽廷使臣以礼相待,等候朝廷答复。

真宗召见寇准,寇准启奏道:"陛下若为长治久安,要让辽廷称臣,并归还幽、蓟土地,给予岁币等一切要求都不能答应。只有让辽廷惧怕,他才会降服,才能保证两国之间无战事,不然,他还会来侵犯和骚扰。"

真宗仍想和谈,寇准说自己要亲自见了辽廷使臣再回话。

寇准去和韩杞辩论,双方争执不下。寇准仍想决一死战,却有传言说寇准为建功立业要挟皇上,寇准不禁叹息道:"我这样忠贞却遭人诽谤,我还能说什么呢?"于是觐见真宗,只说:"臣一直在想如何长治久安,如果陛下不忍心使将士们过于劳累,就一切听从圣上的决定吧。"

真宗让韩杞回去,又派曹利用到辽军中和谈,并对曹利用说道:"只要不割地,岁币不妨多给一些,即使上百万,也在所不惜。"

寇准听到这个消息,将曹利用请到自己的营帐中,正色说道:"皇上虽然答应多给岁币,我的意思是不能超过三十万,你如果应允超过这个范围,我会砍下你的脑袋,那时候你不要后悔!"曹利用暗暗伸了伸了舌头,回答说:"少一些,好一些,我怎么会不懂这个道理呢。"

经过多方努力,最终双方达成一致。即两国边境维持原状;宋廷每年给辽廷银十万两,绢二十万匹;大辽皇帝以兄长

第九章　澶渊之盟

的礼节待宋朝皇帝。真宗派李继隆去签订正式和约。契丹派丁振送来盟约。宋廷和辽廷达成和约。

自宋、辽"澶渊之盟"和约签订之后，辽主以兄礼事宋，引兵北去。真宗也就班师回朝。从此南北议和，边境暂无战事。

因兵事已息，出知天雄军的王钦若，仍旧召回京师，任为参知政事。王钦若与寇准不和，欲思报复，又因寇准新立大功，明知斗不过他，便自请罢政，要在暗中窥窃，伺机下手搬倒寇准。真宗乃命王钦若为资政殿学士，以冯拯为参知政事。

寇准乃是个直率之人，哪里去防范这些事情，再加上立了大功，真宗尚且另眼看待，遇事未免专断。因此，在朝廷大臣中，得罪的人很是不少。

一日会朝，寇准奏事已毕，退将出去。真宗在御座上，目送寇准出去。王钦若便上前奏道："陛下敬准，莫非他有功社稷么？"

真宗点首称是，王钦若说道："澶渊一役，陛下不以为耻，反而认为寇准有功，臣实在不解。"真宗顿时愕然道："这为何故？"王钦若说道："城下乞盟，春秋所耻！陛下贵为天子，反与番邦结城下之盟，岂不是可耻之事么？"

真宗听了，面色顿变。王钦若又逼近一步，说道："澶州之役，可以说是孤注一掷。陛下竟做了寇准赌博的孤注，其危在旦夕！幸而陛下福大，才得无事啊！"

真宗赤红着脸说道："朕知道了。"从此，真宗看待寇准，礼意日衰，不多时日，便罢为刑部尚书，出知陕州。寇准无奈，只得赴陕州而去。

真宗罢免了寇准，用参政王旦为相。王旦乃大名人氏，识量宏远，有宰相器度，当时称为得人。独有真宗为王钦若谗言所惑，想起澶渊之事，常常不乐，要王钦若想法子洗雪此耻。

王钦若想出封禅来迷惑真宗。他为试探真宗，请求出兵幽州、蓟州，收复失地，被真宗拒绝。他对真宗说："陛下既然不忍让百姓受苦，不如仿照前代君主封禅，这样可以四海归心，夸示外国。"

真宗说道："封禅需要天降祥瑞，祥瑞哪里一定能得到呢？"

王钦若悄悄告诉真宗说道："祥瑞都是人造的，只要天子尊崇信奉，就能让天下人相信。河图洛书都是帝王借以迷惑天下人的。"

真宗担心宰相王旦不同意。王钦若就去找王旦密谈。不久，王钦若就回奏真宗说王旦已经同意。这样，王钦若就去秘密地准备祥瑞。

转眼冬去春来，已是景德四年。郭皇后因随驾幸西京拜谒诸陵，途中偶冒寒气，回至宫中，即得疾病，以致不起。刘美人和杨才人等都相继前来探视、问候。

真宗也是心痛不已，急召御医诊治，也未见疗效，及薨，谥为章穆皇后。

真宗后宫，虽多宠幸，但并无中意之人。现在想从妃嫔中挑选一人，册为正宫，想来想去，只有刘娥最为合意。

这天临朝，真宗便把欲册立刘美人为皇后的想法，说与群

第九章　澶渊之盟

臣商议。不料，朝中大臣却是谏阻的多，赞成的少。朝臣反对刘娥封后的主要原因，一是家世寒微，二是未能生育皇子。

消息传到后宫，刘美人既伤心又气恼。伤心的是自己入宫多年，身子一点也不争气，未能给真宗生一个宝贵的儿子，要不然那班朝臣岂敢如此欺负自己。气恼的是朝中那班大臣老是拿自己的身世说事，自己要晋封贵妃，也为前宰相李沆谏阻。

想到这里，谋略过人的刘娥选择了以退为进的策略。她对真宗说道："臣妾才德浅薄，不配封后。万望陛下不要为难，强行封臣妾为后了。"

刘美人的这番话，让真宗长嘘了一口气。本来，真宗认为这次册立刘娥为皇后，一定会成功，但由于众朝臣的反对，封后之事未能通过，还不知道该怎么回复刘美人呢。刘娥的"通情达理"主动提出退出的做法，使得真宗大为感动，遂册封刘娥为修仪，与刘娥交好的杨才人则晋封为婕妤。虽然封后一事暂时搁置了，但是在真宗的心里，更加坚定了非封刘娥为后不可的信念了。

第十章　东封西祀

景德五年（1008），皇城司守兵涂荣，第一个发现了挂在左承天门南鸱尾上的黄丝带，上告朝廷。

真宗派宫中太监去察看，并对大臣说有神人托梦要降"天书"，果然挂在承天门上的就是"天书"。真宗亲自去拜受，并迎到真宗建的道场供奉。

那"天书"写的是："赵受命，兴于宋，付于眘，居其器，守于正，世七百，九九定。"群臣都向真宗道贺。真宗下诏当年改元为"大中祥符"。

过了几天，宰相王旦率领文武百官，诸军将领，僧道耆老等二万三千三百多人，上表请真宗封禅。真宗迟疑未决，连续上了五次表后，真宗决定到泰山封禅，命翰林太常详定仪注。以王旦为大礼使，王钦若为经度制置使，冯拯、陈尧叟分掌礼仪，丁谓计度粮草，不胜忙碌，足足筹备了好几个月。遂令王钦若作为前站，先去泰山做准备。

王钦若又从各地弄来许多假天书，真宗也都深信不疑。

百官向真宗道贺。真宗也对大臣说："这也是卿等辅佐的功劳啊！"上下一片和气。百官根据"天书"而给真宗上尊号为"崇文广武仪天尊道宝应章感圣明仁孝皇帝"。

又过几日，前次派出去的封禅典礼各使臣都次第复奏，一切仪注及应用物品，均已备齐，请真宗择吉日启銮。真宗乃择定十月初二日，启跸登程。

真宗下诏迁张耆绛州防御使，殿前都虞候，从帝东封，率御林军一万二千兵马，为泰山封禅保驾护行。

说起这位殿前都虞候张耆，先名旻，至是表改名耆，真宗在襄王府时的侍卫，刘娥微时尝寓其家。及真宗即位，授西头供奉官，尝与石知颙，侍射苑中，连发中的，擢供备库副使，带御器械。

咸平中，辽兵犯边，以功迁南作坊使，昭州刺使，天雄兵马钤辖。边兵未解，徙镇州行营钤辖，又徙定州。

辽兵围望都，张耆与诸将从间道往援，及至，城已陷矣。张耆与敌战，身被数创，杀辽兵枭将。迟明复战，而王继忠为辽兵所俘，张耆冒死突围返还，请上大举讨之，真宗以问辅臣，以为不可。迁昭州团练使，并代州钤辖。

越年，辽兵复入，帝欲亲征，张耆奏边事十余条，多论兵贵持重及所以取胜者。召还，入对，常曰："卿尝请北伐，契丹入塞，与卿所请兴师之日相同，悔不用卿策。今领守澶州而未得人，令至澶州候契丹远近。"张耆领旨驰往，改东面排阵钤辖。

澶渊之盟罢兵，张耆迁英州防御使，侍卫亲军马军都虞

49

候。张耆处事甚谨。此次应召来京师组建泰山封禅安全侍卫兵马时,顺便拜谒了修仪刘娥。

张耆对刘娥说道:"臣从帝东封,修仪还有什么需要嘱咐的吗?"

刘娥说道:"张将军久经沙场,身经百战,克敌制胜,皇上泰山封禅,有张将军保驾,必定万无一失。"

张耆笑道:"刘修仪过奖了,皇上泰山封禅保驾是臣下的神圣职责。"

刘娥又说道:"此次泰山封禅,正值孟冬时节,天气寒冷。而且泰山险峻,道路崎岖,攀登艰难。我所担心的是皇上身体的安康。"

张耆说道:"此次皇上东封,虽然是初冬寒冷时节,但是臣已将貂帽毳裘等御寒物品一应俱全,准备好,确保皇上龙体安康,请修仪放心!"

刘娥此时甚为高兴地说道:"有了张将军这句话,我就放心了。"

张耆拜谢了刘娥,转身离去。

光阴似箭,转眼间到了农历十月初二,已是孟冬时节。真宗至泰山封禅,仍玉彩大车载着"天书",先行登途。自备卤簿仪卫,随后出发。

为了保护皇帝一行安全,侍卫亲军马军副都指挥使张耆,鞍前马后,细心护卫。并安排侍卫将士,死守御路周围,不许百姓靠近。在丛林、湖泊那些可能匿藏歹人的地段里,御林军更是三步一岗、五步一哨地严防死守,巡逻不止。

真宗銮驾途中历时十七日,始至泰山。王钦若迎驾道旁,献上芝草三万八千余株，真宗慰劳有加。复戒斋三日，才上泰山。因山道崎岖，真宗遂降辇步行。

真宗在众大臣的簇拥下，终于到达泰山顶园台，即举行封禅仪式。

享祀昊天上帝，左陈"天书"，配以太祖太宗，命群臣把五方帝及诸神于山下封祀坛。礼成，出金玉匮函封禅书，藏置石磩。

真宗再巡视园台，然后还幄，王旦复率百官称贺。

翌日，禅祭皇地祇于社首山，如封祀仪。王钦若等连上颂词，歌功颂德，盛世太平，频现祥瑞。封禅完毕，真宗在寿昌殿，接受百官朝贺。众大臣山呼万岁，声振山谷。

真宗下诏大赦天下，令开封府及所过州郡，考选举人，赐天下酺三日。改乾封县为奉符县，大宴穆清殿，又宴泰山父老于殿门。真是个皇恩浩荡，帝德广宇。

过了数日，又幸曲阜，谒孔子庙，加谥孔子为"玄圣文宣王"。真宗谒圣之后，又率群臣游览孔林，到了兴尽思归，方才回銮。仍用玉彩大车载了"天书"，按驿还京。

真宗返回朝廷以后，王钦若又联合了一班逢迎小人，朝奏符瑞，一片阿谀之声，把个真宗弄得昏天黑地，坠入迷途，自以为三皇五帝也不过如此。丁谓又上《封禅祥图》，揭示朝堂。因此东封才过，又议西封。

是时，恰值徐兖洪灾，江淮干旱，金陵火灾，各种灾情连续上报，西封之事才搁置起来。

转眼间冬去春来，真宗命群臣准备祭仪，毋得懈怠。适值

京师大旱，谷米腾贵，龙图阁待制孙奭毅然上疏，谏阻西封。

真宗非不知孙奭忠心，但已经误入迷途，哪里还能挽回，便将孙奭的奏疏留中不发，束之高阁。

仲春吉日，又趁天气晴和，启銮西幸。仍用玉辂，奉了"天书"，从京师出发，过潼关，渡渭河，遣近臣祀西岳。进次宝鼎县，奉祀后土城祇，一切礼仪，略与前同。又召隐士李渎、刘巽、郑隐、李宁见驾。李渎托言足疾，不肯到来。郑隐、李宁赴行在朝见，受赐茶果、粟帛，坚请回山。只有刘巽，受职为大理评事。

真宗自西封回銮，尚有余岳未封，又命向敏中为五岳册封使，加上五岳帝号，并作会灵观，奉祀五岳，又任命王钦若为枢密使，擢丁谓参知政事。另用林特为三司使，三人互相勾结，专言祥瑞。经度制置副使陈彭年，素性奸猾，绰号九尾狐，与内侍刘承珪串通一气，广修宫观，迎合上意，朝中目为"五鬼"。

那时有个汀州人，名叫王捷，平日以小贩为生，往来江湖，颇多阅历，闻得朝廷朝符暮瑞、东封西祀地闹个不停，便异想天开，要从其中谋取富贵，遂编造了一片谎言，对人说道："我于某日，路过南康，遇着一个披头散发的道士，自言姓赵，同我一路行走，教了我许多安鼎炼丹的方法。他说：'当今天子，乃是他的裔孙，他乃是赵姓的始祖。'临别时，又送我一个小环，一柄神剑，忽然就平地飞升不见了。后来向有博学的人打听，知道他的根由，说这道士就是司命真君。现在小环和神剑还藏在我家里呢！"

这王捷信口胡说，传入刘承珪耳内，心下好不欢喜，如飞地入宫告知真宗，又惹出一番事情来。

第十一章　以李代桃

　　却说这刘承珪听得王捷的一派荒唐之言，心中窃喜，也不管是真是假，便飞快地报知真宗。

　　真宗就命刘承珪把王捷找来，当面垂问。那王捷本是捏造出来的这番谎言，为求取富贵的。他见真宗落入圈套，召见询问，心中暗自欢喜，就把谎言说得格外婉转动听，好像真的遇见了神仙一般。

　　真宗听了这番话后，十分高兴，立刻赐王捷改名"中正"，授为左武卫将军。一个小贩，毫无功绩可言，居然朝冠朝服，做起朝廷高官，可谓是平步青云了。这事传播开来，满朝文武，莫不惊异！

　　真宗临朝面谕群臣道："朕常梦神人传玉帝说，曾令汝始祖赵玄朗，传汝天书。次日又梦神人传圣祖之命道：'吾坐西偏应设六位候着。'至时自有道理。"

　　"朕清晨醒来，便依照圣祖之谕，在延恩殿设六个座位，建立道场伺候。至五鼓一筹，果然黄光满庭，异香遍室。圣祖大宋太后——刘娥。

先降，朕下阶叩拜，复有六人到来，依次坐下。圣祖即谕道：'我乃人皇中九人之一，正是赵姓始祖，再降为轩辕黄帝。后唐时复降生赵氏，今已百年，愿汝后嗣，善抚苍生，毋坠先志。'说毕，各自离座乘云而去。王捷所遇，想就是这位圣祖了。"

宰相王旦听了，又领朝臣黑压压地跪了一地，再拜称贺。

真宗遂颁诏尊赵玄朗为圣祖，加封司命天尊。命丁谓修订崇奉仪注，敕建景灵宫、太极观于寿丘，供奉圣祖圣母。并诏建康军铸玉皇、圣祖，太宗神像，授丁谓为奉迎使，迎入玉清昭应宫内。

真宗又亲率百官郊谒，再命王旦为刻玉使，王钦若、丁谓为副，把"天书"刻隶玉籍、谨藏宫中。以后玉清昭应宫纪事，均归王旦承办，即封他一个官名，叫作玉清昭应宫使。

真宗自"澶州和约"以来，专门忙这些虚无缥缈的事情。至此时，玉清宫虽未告成，"天书"已刻隶玉籍。圣祖的神像也供奉妥当，总算料理已毕。

再说真宗后宫，自景德四年郭皇后因病驾薨，真宗欲立刘娥为后，因遭到大臣的反对而搁置，至今正宫虚位，又无子嗣。

真宗望子心切，又选纳沈女为才人。沈才人本是宰相沈伦孙女，父名继忠，亦曾任光禄卿。就是杨才人祖籍，亦曾通显。她本是天武副指挥杨知信侄女，比刘娥先入襄邸。刘封修仪，杨亦封婕妤。刘、杨名位相埒，均有嗣袭中宫的希望。沈才人虽是后进，但系将相后裔，望重六宫，却也是一个劲敌。

第十一章　以李代桃

刘修仪外表谦和,内怀刻忌,日思产一麟儿争得后位。可熊罴不梦,祷祀无灵,只好想了一条以李代桃的计策。

这时,刘修仪想到了她的侍女李翠。这个李翠是刘修仪亲手把她从孤寂的庵中搭救出来,并作为侍女跟随刘修仪一起入宫,享受富贵的,应该对刘修仪感恩戴德。而且李翠性情柔顺,胆量很小,不怕她争娇夺宠。如果令其侍御寝,倘得生下一子,自己取来抚养,只要事情做得缜密,也就与亲生的一样了。

刘修仪想到这里,暗自一笑,便让身边的宫女把李翠唤到跟前,深情地说道:"小翠啊,姐姐带你在身边多年了。平日里对你关心照顾不够,使你受苦了,姐姐甚感对不住你啊!"

这李翠猛然听得刘修仪这样一番话语,心里顿时有些惊慌,不知发生了什么大事情,立即跪在刘修仪面前,说道:"修仪对奴婢有大恩大德,已是感恩不尽,即是做牛做马,一辈子侍服修仪也甘心情愿。奴婢如有做得不好的地方,也甘愿受罚!"

刘修仪见此情景,便急忙上前将李翠扶起来,说道:"妹妹快快请起,姐姐有话要跟你说,也是妹妹的福分。妹妹长得貌美如花,文静典雅,最近被皇上相中了,你说姐姐能不高兴啊!"

李翠这时才松了一口气,心中顿时也觉得好生奇怪。今天皇上早朝结束后,过来看望刘修仪时,临走还特意向她眺望了一眼。当时她也没在意,没往多处想,不过,听修仪这么一说,不觉心中跳动起来了,脸颊不由得泛起红晕。虽觉事情突

然，但心里甚是高兴，可嘴上还是谦卑地说道："皇上喜欢的是修仪，哪能看得上奴婢呢？"

刘修仪便劝慰李翠，说道："既然皇上看中了你，这是天大的好事啊！如果再能得到圣上临幸，日后生得一男孩儿，那就是皇子啊！母以子贵，你的这一生都可以享尽荣华富贵了。"

经刘修仪这么一说，李翠便动心了，她对刘修仪说道："奴婢就依修仪了。"

这时，刘修仪便令其侍御寝。按天里叠被铺床，抱衾送枕。真宗见李翠娇美动人，婉转柔顺，心中也是十分喜爱，竟得当夕，一度春风珠胎孕结。

真宗得知李翠侍寝怀娠，心中大喜！随即下御诏，封李翠为才人。每逢宴饮游览，常命其侍驾。

一日，李才人陪真宗临幸砌台，因为金莲瘦小，偶然一绊，将头上的玉芫钗，震落下来。李才人惊得面目失色，恐招谴责，哪知真宗暗地借坠钗卜祷道："钗落无损，当生男子。"及至左右拾起玉钗献上，果然完好无损，真宗甚为高兴。

俗话说，好事成双，就在李才人侍寝怀娠之时，刘修仪告诉真宗，自己也怀上龙胎了。真宗听了，心中更加欢喜！恰又逢中秋佳节，准备上好的御酒，在御园内设宴款得刘修仪和李才人二位。遂着内侍通知刘、李两人，到御园饮酒赏月，共度佳节。

接到圣谕，刘修仪和李才人来到御园中，见到真宗已归御座，参见已毕，左右侍陪。宫娥献茶退去，内侍吩咐摆酒，安席进酒。顿时鼓乐迭奏，彩欢俱陈，皇家富贵自不必说。

第十一章　以李代桃

到了晚间，皓月当空，照得满园如同白昼。君妃快乐，共赏冰轮。星斗齐辉，觥筹交错。真宗饮至半酣，高兴地哈哈大笑，说道："二妃如有先生男子者，当立为太子，母立为正宫。"二妃听后，忙跪谢皇恩。

真宗痛爱地说道："二位爱妃，快快平身！"

刘、李二妃起身后，每人又各献金爵三杯，真宗也不推辞，接连饮下，不觉大醉。

真宗酒后说了些话不知要紧，可忙坏了刘修仪。自那日归宫后，便心事重重，虽然借腹生子的计谋已成，但是怎能掩人耳目，夺得皇子，占为己有，还有很多的事情要做。

刘修仪下定决心，要把李才人作为政治斗争的牺牲品。于是，便与内侍郭槐暗地里铺谋定计。让他找个守喜婆，准备好二人接生事宜，特别是李才人的分娩更要"小心"，不得有误。

第十二章　正位中宫

金华宫这几天的气氛显得很凝重，刘娥的心情也有些抑郁，内侍郭槐更是忙得歇不住脚。自从奉了刘娥之命，便派了心腹梅辛，找了个守喜婆刁氏。刁氏听说要进宫为二位妃子分娩接生，知道必有大赚头，心中很是高兴，就屁滚尿流地去见郭槐。

郭槐便与刁氏私密商议，遂将刘娥的心愿细细地告诉了刁氏。刁氏听了，始而为难。郭槐就对她说道："若能办成，你这辈子就有了无穷的富贵！"

刁氏听了，不禁喜上心头，眉头一皱，计上心来，便对郭槐如此这般地说了一番，郭槐听了，高兴地说道："妙，妙！若真能办成，使刘妃有了皇子，你真有不世之功啊！"又嘱咐临期不要误事，又给了刁氏好些东西，刁氏欢喜而去。

郭槐进宫，将此事向刘娥回奏。刘娥很高兴，并安排心腹宫女明珠，到玉宸宫去留神窥探，专等临期行事。

光阴迅速，不觉到了阳春三月。

第十二章　正位中宫

一日，刘娥挺着个假肚子，在御花园里观赏梅花。忽见宫女明珠急匆匆地走来，禀报说李妃腹痛难忍，怕是快要分娩了。

刘娥急召郭槐，令其带领守喜婆刁氏，到玉宸宫守喜。自己则和明珠先往玉宸宫去了。

郭槐急忙告诉刁氏，刁氏早已备办停当，双手捧着大盒，交付郭槐，一同齐赴玉宸宫而来。

你道此盒内装的是什么东西？原来是二人定的奸计，将狸猫剥去皮毛，白里带血，油光光的，认不出是何等妖物，好生难看。二人来至玉宸宫内，别人以为是营养食物，哪知其中玄机。

恰好李妃临蓐，刚然分娩，一时血晕，人事不知。刘娥、明珠及刁氏做就活局，趁着忙乱之际，用狸猫肉体换出皇子，使龙袱包好装进大盒，抱出玉宸宫，直奔金华宫而去。不久，后宫便传出刘娥也刚好分娩，诞生一个皇子来，真是双喜临门！刚准备禀报皇上，忽然间又闻听说李才人生产的是一个怪胎，想必内侍郭槐已将李氏生产怪胎之事禀报了真宗，惹得真宗大怒，遂将李才人打入冷宫。

真宗来到金华宫刘娥处，看到刘娥怀抱着一个白白胖胖的小男孩儿，遂高兴地给这名小皇子取名"受益"。

刘娥又将孩子交给杨婕妤抚养，并与杨婕妤言明，同心保护。又嘱咐心腹，以后只说皇子是自己亲生的，不得泄露于外廷。

内侍郭槐和守喜婆刁氏，也因守护刘娥分娩，诞生皇子有大宋太后——刘娥。

功而受到了重赏,皆大欢喜!一面又暗求真宗册立为后。

真宗本来就宠爱刘娥,现在又有了皇子,母仪天下的时机完全成熟。但他深知刘娥的出身是最大的障碍,于是在大中祥符五年(1012)十一月,正式晋封刘娥为"德妃"。开始为立刘娥为皇后做最后的准备。十二月,真宗召谕群臣,将刘德妃立为继后。忽有一大臣出班奏道:"刘妃出身微贱,不足母仪天下。"

真宗视之,乃是翰林学士李迪,不觉变色道:"刘妃父刘通,曾任都指挥使,怎说是微贱?"

真宗言刚毕,又有参知政事赵安仁,出班奏道:"陛下欲立继后,沈才人出自相门,足孚众望。"

真宗说道:"沈才人不可僭先,且刘妃才能兼全,不愧后仪,朕意已决,卿等不可不尊!"

李迪和赵安仁两人碰得一鼻子灰,只好告退。

真宗即命丁谓传谕杨亿,令他草诏册后。杨亿有难色,丁谓对其说道:"如果写了此文,不愁不富贵。"杨亿听了此话,竟摇头说道:"如此富贵,不是我的心愿,请令公找他人写吧。"

丁谓乃命别的学士草制诏书,册立刘德妃为皇后。皇帝诏书并晋授杨婕妤为杨淑妃、沈才人为修仪,所有典礼,皆隆重丰盛。

德妃刘娥既正位中宫,更留心时事,旁览经史。每当真宗退朝,览阅天下奏章,经常熬到深夜。刘皇后便侍坐在右侧,得以预览,所见都能记忆不忘。真宗有时对奏章有所疑问,她

第十二章　正位中宫

即引古证今,滔滔不绝,解真宗所疑。因此,愈发为真宗所喜爱和敬佩。以后,凡遇到重要事项,真宗都和刘后商酌而行。至此,刘后便慢慢地干预起朝政了。

真宋仍是本性不改,整日里谈仙说怪,祈神祷天。又闻得亳州有太清宫,供奉老子神像,遂封号老子为"太上老君""混元上德皇帝",并御驾亲往朝谒,又是一番铺张扬耀。又诏谕改应天府为南京,与东、西两京,形成三足鼎立。诏谕南京建鸿庆宫,供奉太祖、太宗神像,真宗亦亲抵巡阅,及至还京,却值玉清宫告成。

那玉清宫的监修官乃是丁谓。初建时,据将作监计算工程须得十五年方能俊工。丁谓嫌太慢,亲自监督工匠,昼夜赶做,不得休息,果然七年告成。

玉清宫内共有房屋、殿堂二千六百一十间,建造宏伟,富丽堂皇。由内侍刘承珪同帮监工,稍不如意,便命改造,造了重拆,拆了重造,耗费了巨额钱财,才得造成。

玉清宫内造着一座飞阁,高入云霄,取名宝符,供奉着"天书"。又仿真宗御容,铸造一金像,侍立右侧。真宗亲制誓文,镌刻石碑,列于宝符阁下。

时适张咏从益州还京,入职枢密,见了这般情形,深为今堪!遂上疏弹劾丁谓道:"贼臣丁谓,迷惑陛下,劳民伤财,乞斩谓头,悬诸国门,以谢天下!再斩臣头,悬于丁氏门,以谢天下。"

张咏的慷慨陈词,传诵京师。无奈真宗信任丁谓,非但不理张咏之言,反命他出知陈州,没过多久便染疾而亡,谥为"忠定"。其余如太子太师吕蒙正、司空张齐贤等,均已凋谢。

宰相王旦此时也年老多病,屡次告退。真宗只是不准,尚留朝中。他本是正直之人,但性情懦弱,明知真宗所为,多不合于理,但为"五鬼"所挟制,只得随声附和,不敢立异。前宰相李沆在朝时,洞见"五鬼"当朝,老臣迭谢,乃密奏真宗,请用寇准。真宗乃召寇准入京,命为枢密使。

寇准因三司使林特,结党营私,总是给予申斥和压制。林特心中怨恨,遂暗中在真宗面前说寇准的坏话,惹得真宗动怒,召王旦说道:"准刚忿如昔,奈何?"

王旦复奏道:"准喜人勤奋,又欲人畏威,这是他的短处,但本心仍是忠直,若非仁君,确是难容。"

真宗默然不语,但还是除寇准为武胜军节度使,判河南府,徙永兴军。

第十三章　王旦罢相

三月的天气，乍暖还寒，还不到草长莺飞、万物复苏的时节，天气还是寒冷，北风依旧凛冽。

此刻，被贬冷宫下院的李妃，裹着单薄的絮被，蜷缩在床边。可怜无靠的她，受此不白之冤，向谁申诉？多亏负责冷宫的内侍秦峰，为人忠厚，向来瞧不起郭槐行为，料定此事必有奸谋。今见李妃如此遭遇，好生不忍，向前百般安慰，又吩咐小太监余生："好生服侍李妃，不可怠慢。"

在金华宫这边，因刘娥生了皇子，又被真宗册立为后，越发显得富贵荣耀，其他的嫔妃、宫娥纷纷前来探视，祝贺！但也有人背后嘀咕猜疑。

刘皇后在兴奋之余，心里尚不觉踏实。也许对李妃有点愧疚，毕竟夺人之子，不是光彩之事。但也正是因为有了儿子，自己才被册立为皇后，且目的现已达到，何不化干戈为玉帛，也好对李妃有个交代。

于是，刘娥便奏请真宗赦免李妃出冷宫，还回她的玉宸

宫。这正合真宗的心意，因为真宗对李妃尚存一定的感情，随即下诏赦免李妃出冷宫，回玉宸宫。在此以后，真宗依旧让李妃频频侍寝，而刘娥也没有反对。不久之后，李妃又为真宗生了一个小女孩儿，李妃由才人晋封为婉仪。

然而，非常不幸的是，这位小公主在很小的时候就夭折了。面对女儿的夭折，李氏再次认为自己"命薄"，没有做"皇子皇女"母亲的福气。最后她选择了沉默，混迹于嫔妃之中。对于不能与自己的亲生儿子相认这件事，李氏一生也没有任何不满的表示，也从未做过或是想要做与儿子相认的举动。但她的心里还是十分挂念离散多年的兄弟李用和。

另外，刘皇后没有娘家亲族，没有依靠的根基。因此，她时常以美差为诱饵，拉拢刘姓高官认同宗。

她先找权知开封府刘综，攀近族。但刘综称自己是河中府（今山西永济）人，没有亲属在宫中。

不久，刘皇后又召见权发遣开封府刘烨，他虽是名族，却是洛阳人。刘皇后急咻咻地对他说道："想见一见你的家谱，哀家与爱卿恐怕是同宗呢。"刘烨忙说道："不敢，不敢!"

后来，刘皇后还是因为没有娘家亲族，请求真宗将表兄龚美，改姓刘氏，并封了四品的官位。

大中祥符九年腊月，真宗又要改元，次年元旦，遂改元天禧。御驾亲诣玉清昭应宫，上玉皇大帝宝册衮冕。次日上圣祖宝册，又过数日，谢天地于南郊，御天安殿，受册号。御制钦承宝训述，颁示廷臣，命参知政事王曾兼会灵观使。王曾转推王钦若，固辞不受。

第十三章 王旦罢相

真宗疑其示异,当面责问。王曾跪奏道:"臣知所谓义,不知所谓异。"奏毕,从容退出。

王旦在旁听罢,出朝后对同僚道:"王曾直而气和,他日必德望勋业,不可限量。我自感惭愧,不如其见了。"遂决计辞职,连上乞表。

真宗哪里肯依,反加任太尉侍中。五日一朝,参决军国重事。

王旦愈不肯受,固辞新命,并托同僚代为奏白。但相位依然如故,王旦却疾病日增。

一日,真宗召见王旦于滋福殿,见他形色清瘦,不禁黯然说道:"朕方欲托卿重事,不意卿疾苦如此,朕心中堪忧。"说着即唤内侍召皇子出来,及皇子赵受益上殿,真宗命其拜王旦。王旦趋避,皇子随拜阶下,王旦跪答毕,说道:"皇嗣盛德,自能承志,陛下何必过忧。"乃迭荐寇准、李迪、王曾等人可任宰辅,自己力求辞相位。

真宗婉言道:"卿如今重病在身,万一不讳,国事之重,何人可任?"王旦答道:"知臣莫若君,唯圣主自择。"真宗固问道:"卿不妨直陈?"

王旦因真宗命他推荐可以担任国家大事的人选,便举简奏道:"以臣所知,莫如寇准。"真宗摇头,说道:"寇准性刚量狭,且常说卿短处,卿何故一再荐他?"王旦答道:"臣蒙陛下恩遇,久参国政,岂无过失。寇准事君无隐,臣之所以钦佩他的正直,屡次保荐。他人非臣所知,不敢妄言。"言毕,告退而出。

未及,真宗乃允王旦罢相,未采纳他推荐之人,而任王钦若同平章事。

王钦若入相，因其状貌短小，项有肉瘤，都呼之为"瘤相"。他却毫不知耻，常对人说道："一个王子明，迟我十年做宰相。"他说的王子明，就是王旦的表字。

王旦闻得王钦若入相，心中愈加愤恨，病情更加沉重。真宗遣中使问候，每日必三四次。有时亲自临问，御手调药，并煮薯蓣粥赐之。得王旦病逝后，真宗临表哀恸，赠太师、尚书令、魏国公，谥"文正"。

王钦若入相后，毫无建树，唯奉祀神仙，引用奸佞。参知政事王曾因不受会灵观使，王钦若说他示异。在真宗面前，进了谗言，除知应天府。

越年春季，西京讹言忽起。说有妖物形似席帽，夜闻飞入人家宅里，又变作犬狼状，不时伤人。百姓甚为惊恐，每到夜里闭户深居。兵营里也挟兵自卫。那帽妖讹言，又渐渐地传到汴都，都下也哗噪达旦，骚乱不止，真宗诏谕立赏捕妖。

帽妖讹言，又渐渐地传到应天府。王曾不信邪，令百姓夜开里门，派兵勇巡查，如有乱言妖物，立捕治罪。那妖物竟始终没有到来，百姓安居乐业。既而汴京讹言亦息，真宗闻知此事，称王曾有胆识，遂有召回之意。

天禧二年八月，时值秋季，天空瓦蓝瓦蓝的，就像刚被雨水冲洗过的玻璃板一般晶莹剔透。御花园里盛开的菊花，争芳斗艳，红的如火，彩的似霞，白的像雪，美不胜收。

天气也变得凉爽了，随着不时飘来的阵阵花香，后宫里也不时地传来阵阵的笑声和嫔妃们的嬉戏声。

第十三章 王旦罢相

原来是刘皇后近日闲来无事，又赶上快到秋分节气，气温开始下降。天气早晚时分有些凉意，心中不禁想起了皇子赵受益，不知他近来身体健康和成长情况如何，便叫着明珠陪她一起到杨淑妃和赵受益居住的西宫嘉庆殿去探视一下。

看到刘皇后驾到，杨淑妃急忙跪下，请安道："臣妾，拜见娘娘。"

皇子赵受益也赶紧跪下，说道："儿臣，拜见大娘娘。"因为皇子赵受益不知自己还有生母李妃，所以，他生来会说话时，就一直喊刘皇后为大娘娘，称杨淑妃为小娘娘。

刘皇后见到皇子赵受益健康活泼的样子，心中十分高兴，连忙说道："免礼，快快请起。"

刘皇后问道："杨妃，受益今年应该有八岁了吧？"

杨淑妃忙答道："回禀娘娘，皇子今年刚好八岁了。"

刘皇后接着说道："皇子聪明伶俐，活泼健康，多亏了杨妃的日夜操劳，照顾得好。"

杨淑妃忙说道："感谢皇后娘娘的褒奖，皇子的健康成长，全是仰仗着皇后娘娘的福荫。"

刘皇后接着又问道："受益近来的学业如何？"

杨淑妃答道："受益是个聪明睿智的孩子，琴棋书画及经典诗词等一学便会，且能过目不忘。"

刘皇后听了，惊奇地说道："哦，受益学习了哪些经典诗词，快吟一首来给哀家听听。"

赵受益上前施礼道："孩儿学习了中唐白居易的诗词，现在就吟诵一首给大娘娘听。"

大宋太后——刘娥

> 花非花，雾非雾。夜半来，天明去。
> 来如春梦几多时？去似朝云无觅处。

刘皇后听了赵受益吟罢白居易的《花非花》后，便感慨地说道："白居易的诗多以语言浅近著称，其意境亦多显露。这首'花非花'，却颇有些'朦胧'味儿，在白居易诗中确乎是一个特例。受益记忆力极佳，对白居易的诗能够只字不漏地背出，确实不易。看来受益在学业上确实下了一番功夫。"

听到刘皇后的夸奖，赵受益赶忙跪下，说道："感谢大娘娘，儿臣在学识上能够有所精进，离不开大娘娘平时地教诲。"

杨淑妃也随声附和道："受益说得对，他在学识上的受益，的确是受了皇后娘娘的影响。"

刘皇后高兴地说道："受益平身，你在学识上取得的成绩，固然可嘉，但是不要骄傲，继续勤于功课，不可有一日荒废！"

这时，突然有宫娥来报："皇后娘娘，张耆将军在后宫求见。"

刘皇后说道："让张耆将军等候片刻，哀家一会儿就过去。"接着，又对杨淑妃说道："皇子受益在你处教养，哀家着实放心，往后还请淑妃费心照顾了。"

杨淑妃答道："皇后娘娘放心，臣妾一定会尽心尽力。"

刘皇后又对赵受益说道："受益在这里，要听小娘娘的话，哀家以后有时间会经常来看你。"说完，便与明珠等宫娥起驾回宫。

第十四章　册立太子

刘皇后回到正宫,见张耆正在等候。便高兴地说道:"我说今天早上刚出宫门时,便听到有喜鹊'喳喳'地叫个不停,原来是有贵客临门啊!"

张耆连忙跪下,说道:"给皇后娘娘请安!"

刘皇后忙说:"免礼,快快请起。想起皇上东封西祀时,张将军鞍前马后,保驾而行,万般辛苦,真是感激不尽啊!"

"此乃微臣的职责,皇后娘娘不必夸奖。"张耆说道:"有一件大事,娘娘却未曾想到。"

"是何等大事?"刘皇后眨起迷蒙的眼睛。

"册立太子。"

"什么,册立太子?这议论得是否太早了。"

"娘娘,人无远虑必有近忧。这太子立了谁,说轻了,关系到一个家族的荣辱兴衰;说重了,关乎全家人的生死存亡。"

"现在皇上只有受益一个皇子,这太子定是他无疑了。"刘皇后蛮有把握地说道。

"娘娘,你好糊涂。微臣问你,皇上现在有嫔妃几人?就算娘娘和杨淑妃年纪稍长,不能再生育,可是沈修仪却还年轻,倘若再生下一个皇子来,到那时该立谁为太子,还真不好说呢。"

刘皇后如有所悟:"张将军,既然如此,那此事就交你来办。事成之后,当富贵与共。"

张耆又说道:"娘娘,臣只是一名中级武将,立太子之大事,最好委托朝廷中书省的官员上书。这样才能引起皇上的重视,才能说动皇上。"

刘皇后表示赞同,说道:"还是张将军考虑得周全,哀家这就去办理此事,多谢张将军提醒。"

"不谢,祝娘娘马到成功!微臣告退了。"张耆说完便出宫回府了。

刘皇后望着张耆离去的背影,心中不由得升腾起一种敬意,便对身旁的明珠说道:"张将军为人忠厚诚实,办事稳重踏实,确实是可依靠的人!明珠,你以为如何?"

明珠随即答道:"奴婢也是觉得张将军处事缜密周全,确实是可以依靠之人。"

刘皇后又说道:"明珠啊,你侍奉哀家这么多年了,年龄也不小了,到了该迎婚嫁娶的年龄了。如果你愿意,哀家愿为你做主,把你许配于张将军。"

明珠顿时羞得两颊绯红,不好意思地说道:"奴婢听娘娘的安排。"

刘皇后笑道:"有什么不好意思的,你若嫁于张将军,以后

第十四章 册立太子

就有可以依靠的人了,哀家也就放心了。"

明珠也高兴地说道:"谢谢娘娘的恩德。"

一日,金华宫里一派喜庆气象。刘皇后今天的心情显得格外兴奋,她是个颇有心计的女人。为了立储之事,她请来了宰相王钦若。

王钦若来到金华宫,见到刘皇后跪拜道:"娘娘千岁,召臣前来,有何吩咐?"

"王大人免礼,赐座。"刘皇后以手相揆,尽管这只是象征性的一个动作,但对于臣下来说,便是最大的礼遇。

"请娘娘赐教。"王钦若躬身说话。

"不急。"刘皇后以手相让,"哀家准备了一桌酒席,请王大人入席,咱们边吃边谈。"

"这如何使得。"王钦若连声婉拒,"臣实不敢当。"

"怎么,要驳哀家的面子?"

王钦若微微一笑道:"臣岂敢,只是觉得娘娘千岁,凤恩浩荡,臣无功受禄,有些难以承受。"

"王大人不必过谦,入席吧。"

酒宴早已备好。皇家请客,自是丰盛。刘皇后亲自把盏,给王钦若满满斟上琼浆玉液,"王大人,请满饮此杯。"

王钦若站起身来,诚惶诚恐地接过酒杯道:"谢娘娘千岁。"然后一饮而尽。

三杯过后,刘皇后开口说道:"王大人,哀家有一事相求。"

王钦若再次站起道:"娘娘有事尽管吩咐,臣定当肝脑涂地。"

"明日早朝，请王大人启奏陛下，当立太子。"

"这……"王钦若有些犹豫。

"怎么，不方便？"刘皇后问。

"不是，按理说册立太子，应该有个什么缘由，自己贸然奏章，恐怕皇上怪罪。"

"这是哀家对你的信任，你可不要辜负啊！"

"臣奏本就是。"

"这就对了。"刘皇后高兴地说，"来，再敬王大人一杯。"

王钦若又饮下了这杯酒，便悻悻地退出。

次日天明，真宗准时早朝。虽然前几日偶感风寒，身体有些虚弱，但还是强打精神临朝。

文武大臣列班后，丁谓出班奏道："近日辽廷忽派使臣前来，因夏季干旱，欲借些钱币，以缓灾情。"

真宗便向宰相王钦若问道："王爱卿，你的意见如何？"

王钦若略有所思地说道："辽廷知道陛下偶染微恙，又未嗣立储君，特来试探我们，我们须要放得轻松，且不可被他小看。钱币可酌情借给，太子宜早立。"

真宗对丁谓说道："丁爱卿，可发银三万两，绢三万匹，派使臣告知辽廷，本次所借，数目甚是细微，不足措意。"

丁谓忙答道："臣遵旨。"

真宗又对王钦若说道："王爱卿，册立太子，朕尚未虑及此事，且朝廷政务繁忙，何须急迫如斯？"

"臣以为早定太子名位，会令社稷安定，以免奸狡之徒，

第十四章　册立太子

生非分之心，而致朝纲紊乱，江山不宁。"

真宗又叹道："这太子之立似应商榷，雍王赵元份、兖王赵元杰、彭城郡王元偓、安定郡元偁、曹国公元俨均为朕之弟也，皆秉德而陪朕，岂为不豫哉？诸侯王宗室昆弟多有功臣及贤德忠义者，也尽可继朕之位，何必立皇子呼？"

"皇上此言差矣，"王钦若觉得皇上之言甚为荒唐，"自秦起，至本朝，莫不帝位传子，理所当然。若传与昆弟，岂不徒生事端，反致天下大乱。"

"会有这般严重。"真宗有些不解。

王钦若又言道："太子早定，天下必安。"

"陛下，王宰相所言有理。"丁谓也附和说道。

一直观望风向的张耆也适时地出班奏道："臣也赞同王丞相所奏，立下太子，以免他人有非分之想。"

这时，真宗倾向于同意了："若依祖制，当立嫡长，而朕现今只有皇子受益一人，也算居长，则他该立为太子矣。"

王钦若等齐呼："皇上英明。"

天禧二年（1018）中秋节，真宗正式下诏册立赵受益为皇太子，改名赵祯。九月，又举行了隆重的皇太子册封典礼，赵祯被正式确立为帝位的继承人，年仅9岁。

自此，真宗皇上留心注意，暗暗观察朝臣，想为太子选个老师。忽然间想到当年张知白推荐的"神童"晏殊，因在科举殿试中夺冠，曾受到真宗皇帝的嘉奖，还被赏赐为同进士出身，授其秘书省正字，留秘阁读书深造。他学习勤奋，交友持重，深得直使馆陈彭年的器重。三年，召试中书，任太常寺奉

大宋太后——刘娥

礼郎。后来又升迁为翰林学士、户部员外郎。

真宗在观察中发现大臣们经常去市井酒馆游玩宴饮，但晏殊从不参与，而是在家中与兄弟讲习诗书。真宗见晏殊如此勤奋，不同流合污，便选中了他。

真宗退朝后来到后宫刘皇后处，把选太子老师的事情告诉了刘皇后。刘皇后听了，眼睛忽然泛出了一道光彩，高兴地说道："皇上说的可是那位大名鼎鼎的词家晏殊吗？"

真宗惊奇地说道："爱妃也知晓翰林学士晏殊的文才？"

刘皇后笑道："臣妾岂是知晓他的文才，还读过他写的词作品呢，譬如他的那首词《浣溪沙》写得那么好！"刘皇后说着就情不自禁地吟诵起了那首词：

一曲新词酒一杯，去年天气旧亭台，夕阳西下几时回？
无可奈何花落去，似曾相识燕归来。小园香径独徘徊。

刘皇后吟诵完晏殊的词后，又沉思在无限感慨的回味之中，轻轻地说道："他的这首《浣溪沙》就是对生命进行'诗意'的探讨，并由此而广为人知。"

真宗也称赞地说道："是的，晏殊的这首词是一首生命的哀歌，它是从光阴流逝这一角度来描写的，虽然这是诗词中屡见不鲜的主题，但因作品内涵丰富，构思新颖，属对工巧，终于成为千古传诵的名篇。"

刘皇后又说道："晏殊的文学造诣极高，又勤奋学习，不受社会风气的干扰，是个不可多得的人才，皇上选他做太子老

第十四章　册立太子

师，是选对了。"

越日，真宗下诏命翰林学士、户部员外郎兼任太子老师。太子每见晏殊必先下拜，晏殊受宠若惊，上表辞谢，真宗不允。

面圣时，真宗说道："太子贤明孝仁，卿可尽心教诲，至若礼乐诗书，系卿素习，朕就不用谆谆嘱咐了。" 晏殊叩谢而退。

大宋太后——刘娥。

第十五章　寇准罢相

是时，西安本地有个能人名叫朱能。曾当过武将小厮，因为近距离看见朝廷辉煌的权势，所以感受到了权力的滋味，也十分渴望得到这种荣华富贵。但朱能自觉文化底蕴不够，尚不能通过科举考取功名，冥思苦想，终于脑洞大开。以前不是有过工匠董祚的故事吗，不用科举，不用战场立功，不费吹灰之力，也能获得自己想要的东西。何不仿效一下，也许能使自己福运亨通呢。

为了求得官职，朱能义无反顾地来到京城，租下宅院，供奉老子神像，开始宣扬黄老之术，进而又大搞迷信活动。他仗着自己会装神弄鬼的本事，可以预言人生祸福，在京城大肆行骗。许多商贾，达官显贵也纷纷来到他的宅院里，烧香拜佛，搞得名声很大。最终成功引起了大宦官周怀政的注意。

提起周怀政，他可是真宗的首席大太监，相当于太宗身边的王继恩，甚至比王继恩还要红。周怀政是看着真宗长大的，

第十五章 寇准罢相

真宗和周怀政亲密无间，真宗常称周怀政为"周哥"，有时候玩累了，常常枕着周怀政的大腿，才能安然入睡。

这周怀政也信佛，听说京城来了个叫朱能的能人，就登门拜访。一看，这人果然人如其名，确实很能。于是，周怀政就把朱能带入皇宫，引荐给了真宗皇帝。

朱能拜见了真宗，便向真宗宣扬黄老之术，主张无为而治，百姓安居乐业。真宗听了，也觉得朱能这人不错，就赏赐了他一个巡检的官衔，命其返回老家陕西任职。朱能退出后，周怀政暗示他在任职期间，能替皇上寻找到祥瑞，行天书运动之事。这正合朱能心愿，他欣然接受。

朱能回到长安后，纠集了一批人，于乾佑山修筑道观，制造神符咒命，无非是借此讨好当权者。

天禧三年，永兴军巡检朱能，诈称"天书"降于乾佑山。当时寇准方判永兴军，乃将伪书上奏。

真宗看了寇准的奏书，颇感疑惑，怎么搞的？这位向来不信邪的刚直大臣，也相信这一套？便询问亲近的大臣，王钦若说："最早不信天书的人是寇准，现在居然也相信天书了，想必是未安好心。"

但是，内侍总管周怀政却对真宗说道："以前寇准不信天书，是因为天书降临别处，他未曾看到。现在天书降临他的辖区，不如就令寇准公开献于陛下。如此一来，天下的百姓必将信服天书，确有其事。"真宗觉得有道理，遂降旨宣寇准携"天书"赴朝。

鲁宗道上奏书，说道："奸臣荒诞，诱惑圣聪。"知河阳军

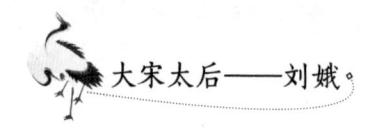

孙奭，奏请速斩朱能，以谢天下。两疏均不见回复，反而有诏召寇准进京。

寇准奉诏进京，有门生劝其说道："先生若至河阳，称病不入，坚求外补，乃是上策；倘或入觐，即面奏乾佑山天书，不得认为是真的，乃是中策；若再入中书，自堕志节，恐要变成下策了。"寇准不以为然，竟入都朝见。

说来也巧，就该王钦若出事。是时，商州拿获道士谯天易，私藏禁书，说是能驱遣六丁六甲。王钦若曾与其往来，以致罢相。

真宗命寇准继任，用丁谓参知政事。朱能因发现"天书"有功，擢为永兴军统领。

因事发突然，王钦若始料未及，得到消息后，急忙来到后宫，请求面见刘皇后，希望刘皇后能帮助自己，在真宗面前求情。刘皇后可不是一般的女人，精明得很，早就读懂皇帝的心思。她闭门不见，只是派宫女告诉王钦若不要再到处奔走了，没用，还是闭门思过吧。

刘皇后把话都说到这个地步了，王钦若只得沮丧地回到家中，收拾好行装，遵旨到杭州西湖看美景去了。

这边寇准终于实现了重新回归朝廷，荣登相位的凤愿。寇准与丁谓的关系尚好，经常称赞丁谓有才。当初，李沆尚在，对寇准说道："此人可使得志么？"寇准说道："才如丁谓，恐相公亦不能终抑呢。"李沆微言道："他日当思吾言。"及寇准三次入相，虽稍知丁谓奸邪，但向属故交，仍加客气。

丁谓在寇准面前，也表现得十分殷勤。一日，他们在中书

第十五章 寇准罢相

会餐,寇准喝肉汤时,沾了一点儿在胡须上,丁谓看见了,即起身用自己的衣袖给他擦拭干净。

当时,寇准略带醉意,竟向丁谓开玩笑地戏语道:"参政系国家大臣,还在替长官擦拭胡须么?"寇准这番戏言,使得丁谓面红耳赤,无地自容。当时在众人面前不便发作,心里很是愤恨。因此有意构陷寇准,暗中伺隙而动。

既而寇准与向敏中都加授右仆射。寇准素豪华奢侈,祝贺的门客车水马龙。向敏中独杜门谢客。

真宗遣使窥视,高度赞扬向敏中,不提寇准。

天有不测风云,天禧四年,真宗忽患风疾,不能视朝。朝廷大事,多决于刘皇后。丁谓和知制诰钱惟演等人联合起来迎奉刘皇后。寇准和参知政事李迪等人却有后宫擅权的担忧。

是时,宫中另有一人对刘皇后,更是刻骨愤恨。此人乃是内侍总管周怀政。此前,周怀政在内廷颇有权势,依仗着真宗的宠爱,在宫中呼风唤雨,作威作福。前次因伪造"天书"祥瑞,受到真宗恩宠有加。这次因真宗患病,刘皇后擅揽朝政,周怀政越来越觉得失宠了。眼看着自己在宫里越来越难混了,周怀政这才跟寇准联手,想出了一个釜底抽薪的招数——太子监国。

周怀政是真宗的首席大太监,深得皇帝的宠爱。真宗最宠爱他时,就拿他的膝盖当枕头睡觉。因此,他时常在真宗面前散布一些刘后擅权干预朝政的事情,不得不防武则天的再现。真宗莫名其妙,自恐一病不起,曾卧周怀政股上,与言太子监国事。

大宋太后——刘娥

周怀政便出告寇准,皇上有意让太子监国,寇难大喜过望。

一日,在宦官周怀政的秘密引荐下,寇准单独面见了真宗。寇准对真宗说道:"皇太子关系重望,愿陛下思宗庙重托,传以神器,速择方正大臣,预为辅翼,方保社稷无虞。丁谓、钱惟演系奸佞小人,不足以辅助少主呢!"

真宗在昏沉中微微睁开了眼睛,说道:"卿言甚是。"寇准乃退出。

寇准既奉旨应允,便密令杨亿草表,请太子监国,并欲引杨亿辅政。总道是安排妥当,无可变更。一时间心满意骄,竟然在酒后失言,传入丁谓耳中。丁谓不禁惊诧道:"皇上稍有不适,很快便会痊愈,怎能让太子监国呢?"并与李迪说起此事,李迪从容说道:"太子监国,本是古制,有何不可?"丁谓听了此话,更加猜忌,心想,事不宜迟,得赶快找钱惟演商量对策。丁谓知道钱惟演是皇亲国戚,可以自由地进出宫殿。他想让钱惟演帮助自己进宫,禀报刘皇后。

夜幕降临后,丁谓以女儿生病为由,告诉管家准备一乘轿子,外出看病。趁着夜幕,和女儿一起乘着轿子出了王府,直奔亲家钱惟演府邸而去。

那丁谓到了钱惟演的府邸后,便急急忙忙地将寇准奉诏草拟圣旨,令太子监国之事,告知钱惟演。叫钱惟演想办法让他进宫禀报刘皇后。钱惟演闻听后,觉得事情紧急重大,切不可拖延,立即令管家备好轿子,偕丁谓一起入宫。

经过钱惟演的变通,丁谓终于顺利地见到了刘皇后,并密报了寇准奉诏草拟圣旨,令太子监国之事。刘皇后闻知

第十五章　寇准罢相

后，二话不说，带着丁谓、钱惟演直奔皇帝的寝宫，证实此事的真假。

真宗这几天的病情又加重了，时常感到头晕目眩。本来想躺到龙床上休息一会儿，忽然有宫女前来禀报，皇后娘娘驾到！

这时如果是别人来，肯定不见，但皇后娘娘来了，不能不见。于是，便支撑着身子坐在龙椅上。还未等到宣召，刘皇后便悄然地进得寝宫里来。

刘皇后缓步走到真宗面前，跪下说道："臣妾给皇上请安！"

真宗挥了挥手，说道："免礼，快快请起！皇后深夜来访，不知有何要事？"

刘皇后起身后，便对真宗说道："臣妾闻听陛下诏谕寇准草拟圣旨，令太子监国，不知有无此事？"

真宗听了刘皇后的问话，便笑着说道："爱妃，是哪里听到的诽语？"

刘皇后便把丁谓禀报的寇准奉诏草拟圣旨，令太子监国之事，说给真宗听了。

真宗听后，便对刘皇后说："朕生病期间，寇准是来看望过一次。朕不记得有让他草拟圣旨，令太子监国之事，这是寇准的主意，与朕毫无关联。"

刘皇后听了真宗这番话后，十分气恼地说道："胆大寇准，假冒圣谕草拟圣旨，令太子监国，该当何罪！"

真宗看到刘皇后真的要追究起来，便安慰她说道："寇相可能是一时糊涂，他毕竟还是大宋朝的有功之臣嘛。"

大宋太后——刘娥。

刘皇后正言道:"有功之臣犯了欺君之罪,也得按照国法处置,当前必须先罢免寇准的相位。"

最终,真宗同意了刘皇后的建议,罢免寇准的相位。

第十六章　祸起萧墙

真宗同意罢免寇准的相位，刘皇后十分高兴。她急忙叫宫女将在门外等候的丁谓和钱惟演二人宣进宫来。在刘皇后的催促下，真宗只得让他们起草一道罢免寇准相位的圣旨。然而在草拟圣旨期间，真宗又提出了一个古怪的问题："卿等认为，罢免寇准相位后，如何安排他，该当何职？"

众人一头雾水，都把头转向了刘皇后，请求刘皇后圣裁。

此时，刘皇后也明白真宗的意思，便大声说道："请大学士按照国家惯例处理！"

丁谓建议道："可依照前朝宰相赵普的案例办理，加官晋爵，给一个有职无权的闲差事，安排到地方养老。"

真宗听了，说道："给寇准一个太子太傅和莱国公封号，留在京城养老吧。"

按照真宗的旨意，刘皇后的首肯，丁谓和钱惟演等人很快就把罢免寇准相位的圣旨草拟完毕。真宗盖上御章，只等颁布施行了。

大宋太后——刘娥。

第二天早朝，真宗支撑着病体，在刘皇后的陪同下，来到宫廷。

众大臣列班，山呼万岁之后，还未等到寇准开口，真宗便命内侍宣读一道圣旨："免去寇准相位，授为太子太傅，封莱国公。以李迪、丁谓同平章事。钦此。"

寇准听了这道圣旨，完全傻眼了。他看了看站在身旁的丁谓、钱惟演等人满脸得意表情，再看看沉沉如昏的皇帝及帝幕后面一言不发的刘后，顿时，他什么都明白了。皇命难违啊！寇准无奈地接受了这道免职的诏令，悻悻地走出了金銮殿。

内侍总管周怀政，这几日犹如热锅上的蚂蚁，惶惶不安。因寇准欲令太子监国，亦预谋其事。寇准因此被罢相，周怀政也遭斥责，并渐被真宗疏离。

次日，周怀政找到寇准，与言太子监国事。寇准愤然说道："刘后干预朝政，天子失权，教我咋办？"周怀政道："监国不成，可拥立太子即帝位。"寇准不待周怀政说毕，就摇手说道："你越说越远了。"

周怀政见周围无人时，又密语寇准道："寇公何故这般胆小？皇上明明对我说，欲令太子监国。如果能奉皇上为太上皇，传位太子，我想，皇上也是愿意的，有什么难行的呢？"

寇准又摇手说道："内有刘后，外有丁谓，权势熏天，谈何容易？"

周怀政愤然道："刘可废，丁可杀，公可复相，看怀政去干一番大事呢。"

第十六章　祸起萧墙

寇准又劝阻道："此计谋虽好，但举事不成，为祸不小，还请公公三思为是！"

周怀政慷慨地说道："事成大家受福，事败我自己担当，决不牵累寇大人，请大人勿再忧虑。"

寇准始终不同意周怀政的主张，临别时叮嘱周怀政谨慎小心，周怀政竟拂袖而去。

周怀政在忧恐略定之后，为挽回败局，便与其弟周怀信，密召殿前都指挥杨崇勋、禁军将领杨怀仁及一伙亲信小太监密谋，约以七月二十五日共同举事，杀丁谓，废刘后，奉真宗为太上皇，传位太子，复寇准相位。

周怀政又修书一封，联络永兴军朱能，率兵进京，里应外合，共谋大事。

殿前都指挥使杨崇勋，出身军人世家。早年与张耆一样，都在东宫追随做太子的真宗。但他与张耆不同的是，他当年干的是卫士的事，不如张耆更贴近主子。在风云变幻之际，杨崇勋迅速做出选择，站在了分量更重的丁谓、刘后一边。在周怀政找他，与其密商举事事宜时，杨崇勋尚觉事情重大，为稳住周怀政，表面同意，暗中却向丁谓告密。

丁谓与枢密使曹利用计议后，入奏宫中。真宗下诏逮捕周怀政。刘后得知皇上下诏逮捕周怀政，为预防不测，立即密召侍卫亲军马军都虞候、禁军将领张耆，进宫护驾。

此时，周怀政也是磨刀霍霍，纠集了朝中部分御林军将领及亲密小太监，暗中窥伺宫中动静，只等朱能率兵进京，他便在宫中起事，里应外合，拿下刘后及同党丁谓，拥立太子即

大宋太后——刘娥

位，寇准辅政。

但是周怀政做梦也未曾想到，杨崇勋会将他们的此次预谋，提前密报丁谓。就在第二天的早晨，周怀政若无其事地步入皇宫时，被等在路边的张耆挡住了去路。

"周公公慢走！"张耆对周怀政高声说道，接着向埋伏在路边的侍卫一挥手，"给我拿下！"

周怀政歇斯底里地喊道："大胆张耆！未有皇上的御旨，你竟敢随便抓人？"

张耆厉声喝道："抓的就是你！你睁开眼看看这是什么？"随手将皇上逮捕周怀政的圣旨，在周怀政面前一亮，周怀政瞬时像泄了气的皮球，脑袋即刻耷拉下来，被侍卫捆绑下狱。

周怀政被捕的消息，即刻被周怀政亲密小太监，暗中传到御林禁军将领杨怀仁和周怀信那里。周怀信说道："举事之事可能已泄密，与其等死，不如尽快行动，包围金华宫，捉住刘后作为人质，逼皇上就范做太上皇，让位太子。"

杨怀仁点头称是，即率其御林军死党及部分小太监，向刘后的金华宫扑去。

其实，自周怀政被捕后，刘后也有所警惕，严令宫门紧闭，不经允许不得擅自开门。

杨怀仁领兵赶到金华宫时，见宫门紧闭。杨怀仁下马，向守宫人通报："请禀告刘皇后，御林禁军将领杨怀仁求见。"

一会儿有宫女回复道："刘皇后有旨，未经圣诏，私自带兵闯宫，是为叛逆之罪，还请杨将军速带兵还营！"

第十六章　祸起萧墙

杨怀仁吼道："今日见不到刘皇后，我们是不会还营的！"随即把手一挥，令士兵向金华宫发起攻击。

张耆闻讯金华宫受叛军围攻，一面派人奏报皇上，一面率御林军前往救援。

张耆赶到金华宫时，双方已酣战多时。金华宫大门紧闭，刘皇后和几个宫娥及小太监坚守在里面。宫外，杨怀仁正在指挥士兵向宫中放箭、放火。宫门起火，宫门里有宫女和小太监泼水灭火。眼见得宫门就要烧毁，杨怀仁正欲指挥兵勇破门而入，冲进宫去。

张耆便大声喊道："杨怀仁，住手！还不快快受降。"

杨怀仁看见张耆，便说道："张将军，还不快来与我一起捉住这妖后，为民除害！"

张耆厉声说道："你这逆贼，看我不斩杀了你！"说完，即刻领兵冲杀过去。两军交战，喊声大震。

说时迟，那时快，张耆冲上前去，便挥剑向杨怀仁砍去。杨怀仁急闪身躲过一剑，拿剑来挡，"铮"的一声，两剑相击，星光闪射。旋即，张耆一剑搠空，剑招立变，身随剑走，剑随身转。霎时间四面八方都剑光人影。激战中，但听得"噌"的一声，张耆将杨怀仁的宝剑击落在地，一剑刺去，正中心窝，杨怀仁随即倒地身亡。混战中，周怀信也被斩杀，余贼除几个死党因反抗被杀外，都跪地投降。

张耆来到宫门前，大声说道："娘娘在上，臣张耆前来救驾晚矣。"

金华宫大门"吱嘎"的一声大开，刘后和明珠等几个宫娥

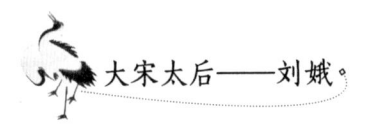

和小太监出现在门前。

刘后说道:"多亏张将军神勇,斩杀叛贼,救哀家于危难之中。"

张耆叩首道:"护卫娘娘的安全,是臣下的职责,娘娘莫要夸奖。"

刘后又道:"张将军,赶快带兵去福宁殿,保护皇上的安危。"

这时,只听金华宫外,兵马沸腾,侍卫来报,皇上驾到。

张耆立即跪迎真宗,刘后看到皇上驾到也急忙跪下,说道:"臣妾给皇上请安。"

真宗急急说道:"爱妃,伤着没有?朕听说金华宫这边有事,便即刻遣兵前来解围。"

刘后忙说道:"多亏张将军及时赶到,斩杀叛贼,臣妾安然无恙。"

为表彰张耆护卫皇后有功,真宗加授其观察使衔,成为禁军的高级将领。

第十七章　朱能反叛

京城这几日的形势十分紧张，真可谓是风声鹤唳。

寇准自周怀政走后，闭门不出，唯暗侦宫廷消息。过了数日，忽闻周怀政被捕下狱，又闻得刘后在后宫挫败了一起突发的袭宫事件，领头者内殿承制杨怀仁和周怀信已毙命于暴乱现场。

一件件惊天骇人的事情发生，使得寇准捏着一把冷汗，唯恐株连坐罪。随后探听确凿，只周怀政一人伏法，不及他人，才稍稍放下心来。

原来，有诏捕周怀政下狱，命枢密院审讯。可巧这日的审制官，派着签书枢密院事曹玮。曹玮乃曹彬之子，屡立战功，此时因边境安宁，入副枢密。当下坐堂审讯，只问周怀政罪状，不愿株连。周怀政亦挺身自认，毫不牵连他人。于是具案复奏，罪止怀政。

对于此案的审结，丁谓等人大失所望，又密奏刘后，拟兴大狱。适值真宗病情好转，刘后不便擅行。

真宗勉强视朝，面谕群臣，欲彻查太子情弊。群臣面面相觑，未敢发言，独李迪出班跪奏道："陛下有几子，乃有此旨？臣敢保太子无二心！"真宗听了，不禁点头应允，只命将周怀政正法，随即退朝。

丁谓尚不肯罢休，复检举朱能、周怀政伪造"天书"，由寇准欺主入陈一事，上奏真宗。寇准遂遭贬为太常卿，出知相州，一面遣使往捕朱能。

其实，对于京城里腥风血雨的宫廷政变，朱能早有耳闻。只是认为此次预谋因泄密，暴露过早而被刘后一把掐断。自己肯定要受到株连而不能免罪，不如率众反叛，也可称霸一方，再谋后事。遂与刘益、李贵及道士王先等几个死党谋划反叛大计，只等时机成熟，举兵反叛。

过了数日，忽有密探来报，朝廷遣使来拘捕朱能。朱能见时机已到，遂命守军打开城门，放使者卢守明等将士进城。待使者及随行将士一行数十人进城后，伏兵齐起，杀死使者及随行将士，扯起反叛大旗。

朱能反叛之举，震动朝野。真宗遂下诏，任命内殿承制江德明，入内供奉官于德润二人为征讨使，率10万大军进剿朱能叛贼。

江德明率大军一路向前，很快便进抵西安城下，安营扎寨，绵亘数十里。

朱能探得朝廷官军已抵西安城下，便坐镇永兴军府，召集部下将士说道："此次朝廷调遣10万大军来犯，虽然城中尚有两万兵马，势难出战，幸亏城坚壕阔，尚可相持。我部可固守城

第十七章　朱能反叛

垣，挫其锐气，待其疲惫，方可出城击溃，大业可成！"

随后，朱能又对守城作了军事部署。分遣手下将军刘益镇守北门，李贵镇守南门，康王镇守西门，唐信镇守东门。道士王先、张用和负责运功使法，以祈黄天佑助。

到了翌晨，江德明纵兵西安，环绕西安城数十匝，列营百数，鼓声达数十里。又竖起楼车，高十余丈，俯瞰城中，且用强弩疾射，箭如飞蝗。城中守兵，多受箭伤，不敢昂头。再用冲车撞城，泥土粉坠如雨。

城东门处，官军攻势尤烈。守将唐信因箭中要害，伤势严重，尚不能指挥作战。永兴、乾耀都巡检供奉官李兴接任，遂暗中遣本军十将军张顺与江德明联络，打开城门放官兵进城，杀得朱能叛贼溃不成军，慌忙逃窜。李兴、张顺等紧追不舍，朱能求生无望，逃至桑林中自缢身亡。李兴、张顺割取其首级以献朝廷。叛贼无主，自然溃散。江德明率领部兵，杀入监署，擒住叛贼六千余人及僭伪法物、旌旗甲仗甚众，大获全胜。由江德明申报朝廷，诏補李兴阁门祗候，张顺牢城都头。以朱能死党刘益等十一人谋害中使，磔于市。王先、李贵、唐信、张用和等八人皆处斩。

而寇准曾是朱能的上司，且联手进奉"天书"，所以再坐朱能反叛之事，被贬为道州司马。寇准受诏后，暗自叹息道："不遇大祸，还算幸事。丁谓！丁谓！你难道能长享富贵么？"整装出京，往就任所。

寇准既贬，李迪与丁谓同平章事甚不相协。丁谓擅权用事，黜陟官员也不与李迪相商。李迪愤然对同僚说道："我自布衣为相，受恩深重，如有可报国，死且不恨，怎能巴结权幸，以求自安呢？"于是，留心伺察，不使妄为。

是时，陈彭年已死，王钦若外调，刘承珪亦失势，"五鬼"中几至寥落，只剩林特一人，尚混迹朝班。

丁谓欲引林特为枢密副使，李迪不肯允许，丁谓便愤恨地与李迪争吵，李迪遂入朝面劾，奏称："丁谓罔上弄权，私结林特、钱惟演，且与曹利用、冯拯结为朋党，搅乱朝政。臣不愿与奸臣共事，情愿与他罢职，付御史台纠正。"李迪这数语言词激烈，惹动真宗怒意，遂命翰林学士刘筠草诏，左迁李迪知郓州，丁谓知河南府。

越日，丁谓入朝谢罪。真宗问道："身为大臣，怎能与李迪相争？"丁谓跪着哭诉道："臣何敢争执，只是迪相诬陷臣，臣不得不辩。若陛下能特恩宽恕，臣愿留朝廷，以勤勉效力报答皇恩。"

真宗说道："卿果然矢志无他，朕何尝不欲留卿。"

丁谓谢恩而出。竟然自传口诏，复至中书处视事，又命刘筠改草诏命。

刘筠回答道："草诏已成，非奉特旨，不可改诏。"

丁谓乃召学士晏殊草制，仍复丁谓相位。

刘筠忿慨道："奸人用事，怎可一日在一起共事。"因表请外用，奉命出知庐州。

既而真宗颁诏："此后军国大事，取旨如故，余皆委皇太子同宰相枢密等，参议施行。"太子固辞，不允，乃开资善堂议政。

第十七章　朱能反叛

是时，王曾诏回汴京，仍令参知政事。他却不动声色，密语钱惟演说道："太子幼冲，非中宫不能立，中宫非倚太子，人心亦未必归附。为中宫计，能加恩太子，太子平安了。太子得安，刘后尚有不安么？"

钱惟演答道："参政所言，才算是国家大计呢。"

当下奏知刘后，刘后深信不疑。原来钱惟演善于逢迎，曾将同胞妹嫁与刘美为妻。因此与刘后为间接亲戚，故刘后对钱惟演格外关照。王曾不告诉他人，独告钱惟演，正是此意。

第十八章　太后听政

天禧五年，真宗改元乾兴，大赦天下。封丁谓为晋国公，冯拯为魏国公，曹利用为韩国公。

正月十五日元宵节，满城张灯结彩，真宗很高兴，亲御东华门观灯却意想不到偏偏乐极生悲，数残寿尽，仲春月内，真宗又复病发，连日不愈。遣使祷祀山川，病反而加剧。

未几病情略有好转，诏令太子赵祯即皇帝位，且面嘱刘后，说道："太子年幼，寇准、李迪可托大事。"言至此，已不能成词了，溘然驾崩于廷庆殿中。总计真宗在位改元五次，共二十六年，寿55岁。

刘后急召丁谓、王曾等人入直殿庐，恭拟遗诏，并说奉大行皇帝特命，由皇后处分军国重事，辅太子听政。

王曾当即援笔起草，于皇后处分军国重事中间，嵌入一个"权"字。

丁谓说道："中宫传谕，并没有权字，这权字如何嵌入。"

王曾正色道："我朝还无母后垂帘听政故事，今因皇帝年

第十八章 太后听政

幼,特地从权,已是国家幸运,加入权字,尚足示后。且增减制书,本官分内之事,祖制原是特许。公为当今宰辅,岂可不郑重行事,自乱经典么?"

丁谓乃默然,至草诏拟定,呈入宫禁。刘后已先闻王曾言语,不便改议,就把这诏书颁示中外。

太子赵祯即位灵柩前,即是宋仁宗皇帝。尊刘娥为皇太后,杨淑妃为皇太妃。中枢两府因太后临朝,乃是宋朝创制,会集廷议。

王曾请如东汉故事,太后坐帝右侧,垂帘听政。

丁谓说道:"皇帝幼冲,凡事总须由太后处置。但教每月朔望,由皇帝召见群臣。遇有大政,由太后召对,辅臣议决。若寻常小事,即由押班传奏禁中,盖印颁行就是了。"

王曾勃然说道:"两宫异处,权归宦官,岂不是隐兆祸患么?"

丁谓不以为然,群臣亦纷纷议论未决。哪知丁谓竟暗结押班小太监雷允恭,密请刘太后手谕,按丁谓议颁发下来。众大臣不敢异议,丁谓很是得意。雷允恭即由是擅权,还亏得王曾正色立朝,宫廷内外,尚无他变。

嗣封泾王赵元俨为定王,赞拜不名。赵元俨系太宗第八子,素性严整,毅不可犯,内外崇惮丰采,人称八大王。命丁谓为司徒兼侍中尚书左仆射;冯拯为司空兼侍中枢密尚书右仆射;曹利用为尚书左仆射兼侍中。

因当初册立皇后时,李迪谏阻,刘太后深为怨恨。丁谓欲取太后欢心,更因与寇准有嫌隙,索性将二人视为朋党,复添

大宋太后——刘娥

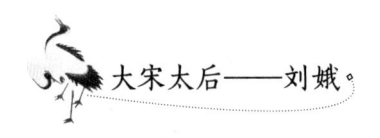

入李迪、寇准故友，奏请一一加罪。太后自然准奏，即命学士宋绶草诏，再贬寇准为雷州司户参军，李迪为衡州团练副使。就连曹玮也谪知莱州。

王曾对丁谓说道："罪轻罚重，还当斟酌。"丁谓抚须笑道："居停主人，恐亦未免。"王曾乃不便与之固争。

及草诏拟成，丁谓又授宋绶，令加入"春秋无将，汉法不道"二语。宋绶虽不敢有违，但此外却还说得含糊。丁谓意未足，竟提笔添入四语，乃是"当丑徒干纪之际，属先帝违豫之初，擢此震惊，遂致沉剧"。

这种锻炼周内的文字，颁示朝中。正直之臣莫不呼冤，也编成四句俚词道："欲得天下宁，须拔眼前丁。欲得天下好，不如召寇老。"

丁谓不惧人言，遣使催促李迪速行。又令中官带着诏书前往寇准处，特赐锦囊，贮剑马前，示将诛戮状。

寇准在道州，方与郡官宴饮，忽郡倅入报中使到来，有悬剑示威情形。郡官不禁惊慌失色，独寇准形神自若，与郡官邀中使入庭，从容与语道："朝廷若赐准死，愿见敕书。"中使无可措辞，乃登堂授敕。准北面拜受，徐徐升阶，邀中使入宴，至暮乃散。中使自去，寇准亦赴雷州。

在真宗与仁宗朝交替之际，朝堂风云变幻莫测，当丁谓先后将寇准、李迪两位宰执大臣驱逐出中书，并且几乎将二人置于死地，自己陶醉于专权虚荣之时，其实也为自己的垮台埋下了种子。

在年幼的仁宗皇帝登基之初，刘太后垂帘听政，丁谓的权

第十八章 太后听政

势达到登峰造极的地步。凡军国大事几乎都由他做主，然后仅仅通过宦官雷允恭报请太后恩准，即予以施行，而其他大臣都很难过问。

丁谓权势熏天，引起了朝臣们的普遍愤恨，刘太后也因为接触不到其他朝臣，广泛听取施政建议而有所反感。

于是，在乾兴元年六月，以参知政事王曾为首的朝臣对丁谓发起了一场惊心动魄的斗争。

在为大行皇帝治丧期间，丁谓作为丞相依照惯例自然授为山陵使，全面负责皇帝陵寝修建的各项事务，而具体监督工程者则是雷允恭。

雷允恭与判司天监邢中和，往勘陵址。邢中和对雷允恭说道："山陵上百步，即是佳穴，法宜子孙。但恐下面有石，兼且有水。"

雷允恭说道："先帝嗣育不多，若令后世广嗣，何妨移筑陵寝。"

邢中和说道："山陵事重，踏勘复按，尚费时日，恐七月葬期，不及遵制，如何是好？"

雷允恭道："你尽管督工改筑，我马上入宫见太后奏请，定必允许。"邢中和唯唯而退。

雷允恭当日即返都，进谒太后，请改建陵穴。太后说道："陵寝关系重大，不应无故更改。"雷允恭说道："使先帝得宜子孙，岂非较善？"太后迟疑半晌，说道："你去与山陵使商议，决定可否？"雷允恭乃复语丁谓，丁谓无疑言，再入奏太后。太后方才准所请。命监工使夏守恩，领工徒数万人，改陵

大宋太后——刘娥

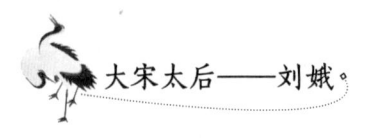

寝穴位。

起初掘土数天,即见乱石层叠,巨微不一。好不容易掘出乱石,忽然涌出一股泉水,片刻间变成池塘,又迅速淹没整片工地。夏守恩亦觉惊惧,不敢再令施工,即遣内侍毛昌达入奏太后。

太后责问雷允恭,并及丁谓。丁谓尚袒护雷允恭,但请另遣大臣按视。王曾挺身愿意前往,当日即抵达陵寝,不到三日即已回都,时已近夜,入宫求见,且请独对。

太后即召王曾入内。王曾叩首毕,竟独奏道:"臣奉旨按视陵寝,很难改移。丁谓包藏祸心,暗中勾结雷允恭,擅自移动皇陵穴位,置于绝地。"

太后闻言,不禁大怒道:"先帝待丁谓有恩,哀家待丁谓也不薄,哪知他却如此丧尽天良!"遂命左右道,"速传冯拯觐见。"

第十九章　丁谓被贬

修建皇帝陵寝是件十分重要的大事，真宗陵寝按规定七月竣工，绝不允许耽搁拖延。只因雷允恭串通丁谓擅自移动皇堂位置，造成工程搁置而难以进行了。现在时间已到了五月下旬，眼见得大行皇帝的陵寝不能按时竣工，葬礼也无法如期举行了。罪责重大，使得太后大动肝火，立即宣冯拯觐见。

未几，冯拯觐见，太后尚怒容满面，严谕冯拯道："丁谓实属可恶，负恩构祸，若不严惩，那就没有王法了。雷允恭外结大臣，更属不法。你速发卫士逮捕丁谓、雷允恭下狱，按律治罪！"

冯拯听后，顿时吓得目瞪口呆，愣在那里竟一时说不出话来。

太后又厉声说道："你可是丁谓的同党么？"

冯拯忙免冠叩首，说道："臣岂敢与谓结党，但皇帝初承大统，即命诛戮大臣，恐惊骇天下，局势不稳，还请太后宽容。"

大宋太后——刘娥。

太后听了,怒容稍消,乃谕道:"既是这样,命你先去拘捕雷允恭,再行定夺。"冯拯乃退出,即遵旨将雷允恭缉捕下狱。

是时,开封府知府吕夷简,一向不问派系纷争,只顾做分内的事,以出色的才干为多方接受,是一颗政坛新星。前朝丞相王旦与参知政事王曾对他相当器重,觉得这个晚辈既非庸碌之辈,也不是投机取巧之徒。因此,他没有受到朝堂上下明争暗斗的影响,仕途顺畅。

在重病缠身的真宗驾崩,年幼的赵祯即位,刘太后听政之时,丞相丁谓权势熏天,大权独揽,由此不仅引起众多朝臣的愤恨,也为太后所忌惮。处在如此复杂诡谲的形势下,吕知府开始接触权力中心,这既让他大开眼界,也身不由己地卷入到险象环生的政治旋涡中。

这一次,可以说是吕夷简首次触及尖锐而重大的政治冲突。但他能够认清形势,旗帜鲜明地支持王曾对决丁谓。虽然风险不小,但也无所畏惧。随后,吕夷简与东宫旧臣鲁宗道密切配合参知政事王曾调查雷允恭,并抄没雷允恭家产,搜查出丁谓委托雷允恭,找后苑工匠造金酒器密书,及雷允恭托丁谓推荐其管辖皇城司及三司衙门书信,并上呈太后。

太后召集廷臣,将丁谓与雷允恭互通书信,出示众大臣,并宣谕道:"丁谓、雷允恭不守臣道,先前丁谓奏事均言与卿等商量议决,所以多半准奏。今营奉先帝陵寝,擅行改易,若非按视及时,几误大事。"

冯拯等均跪奏道:"先帝登遐,政事统由丁、雷二人掌

第十九章 丁谓被贬

握,谓常称得旨禁中,臣等未辨虚实。幸赖圣明洞察,尚知奸伪,这正是社稷之大幸呢!"当下召中书舍人草谕,罢免丁谓相位,授为太子少保,分司西京。擢王曾同平章事,吕夷简、鲁宗道参知政事,钱惟演为枢密使。这谕旨榜示朝堂,颁布天下,遂使朝堂广大官员欢呼雀跃,拍手称快!

就在丁谓罢相不久,朝廷又通过审讯他调教过的道姑刘德妙,掌握了丁谓有虚造祥瑞的大量罪证。

先是丁谓家中,有女巫刘德妙经常往来。刘德妙貌美有姿色,与丁谓三子丁玘有奸情,丁谓尚未察觉。但教她托词老君,伪言祸福,借以惑众。于是,丁谓家中供奉老君法像,入夜在园中设坛祭神。每至夜静更深,丁玘往交欢,好似一对露水夫妻。雷允恭也经常到丁谓家园中祈祷。

及真宗驾崩后,雷允恭又将刘德妙引入宫中,得见太后,应对祥瑞。谈及宫中过去事,无不知晓,引得太后也迷恋祥瑞之事。刘德妙又持龟蛇入内,说是出自丁谓家园山洞中,当是真武座前的龟蛇二将。丁谓又作《龟蛇颂》,说是混元皇帝,赐给她的。太后将信将疑。

至丁谓已坐罪,乃将刘德妙下狱,令内侍刑讯。刘德妙具实坦白,当然坐罪。雷允恭审判定罪,勒令自尽,邢中和一并获罪,并贬丁谓为崖州司户参军,其兄弟、子侄都遭到贬谪,积聚的无数家私也被没收充公。

丁谓被贬崖州,被迫无奈地离开京城,赶赴任所。有人就将丁谓去崖州必经雷州的消息,告诉了寇准。众人都屏住呼吸,准备看一场好戏了。

然而寇准得到消息后，心里倒是挺沉稳的。他什么也没说，只是叫人烤了一只羊，派人送到丁谓必经的路口。

这位送羊人见到丁谓后，说道："丁大人也快60岁了，要注意身体。这翻山越岭、风餐露宿的苦，我们寇大人也遭受过。所以，寇大人赠送丁大人一只烤全羊，以滋补身子骨。"

看见这只烤羊后，丁谓此时百感交集，心想，自己如今已落魄成这个样子，还有人惦记着自己，而且这个惦记自己的人，不是别人，竟然是自己以前的政敌寇准。这真是让他心里五味俱全，感慨万分。

收下这只烤羊后，丁谓提出来想拜访一下寇准，但被告知："寇大人不在家，请丁大人继续赶路吧。"丁谓只能失望地离开了。

丁谓既贬，中书枢密两府重新进行调整，充实了吕夷简、鲁宗道等清正廉吏入阁，使朝廷上下变得焕然一新。王曾即请太后匡辅新君，每日垂帘听政，太后方才允准。

太后又诏令中书草拟了一份文书，送达辽国。在这份文书中，不仅告知了宋朝先皇驾崩的消息，同时还告诉辽国，现在由他的儿子赵祯即位，刘太后垂帘听政。先皇与贵邦签订的和约，朝廷予以恪守，贵邦以后再有其他事宜，须与朝廷商谈。

通过这份外交文书，刘娥就是要明明白白地诏告天下，如今的大宋王朝是由皇帝与太后共同管理的国家。

当时辽国的国主耶律隆绪看完文书后，沉思片刻，转过身来对一旁的萧皇后说道："我看给宋朝的复函，还是由你来写

第十九章　丁谓被贬

吧。一来你们都是女人，互相通函较为方便；二来，我也想让你在南朝露露脸，增添一点威望。"

就这样，在这份强势文书的作用下，刘太后在辽廷人的眼中，骤然变成了一地道的强势太后，一个毫不逊色于萧太后的强悍女子。从此以后，辽国再也不敢轻视大宋王朝了。

辽国不敢藐视刘太后的现象，竟然起了连带作用。在得悉大宋太后刘娥的强悍本色后，西夏王李德明顿时也服软了，并再次声称自己姓赵，名叫"赵德明"，并遣使进京。在吊唁真宗的同时，也来窥伺一下这位在传说中连辽国都害怕的刘太后。看到刘太后的施政方略深得人心，虽是"政出宫闱"，却"号令严明"，取得了天下人的信任。

至此，西夏王李德明变得很乖，服从大宋王朝的领导，再也没敢藐视过中原。在刘太后的恩威并施下，大宋王朝的政权平稳地完成了过渡，边境安宁，百姓安居乐业。

第二十章　王钦若复拜相

乾兴元年（1022），13岁的赵祯即位。刘娥成了大权在握的皇太后，开始垂帘听政。刘太后毕竟是妇道人家，既抓朝中大事，但为自家的事考虑得却也不少，但凡亲属和亲近的人都要照顾到。

亲近的心腹之人张耆自然也不例外，为报答早年的供养之恩，时隔三年多，刘太后便将张耆提拔为枢密使，让他做了最高的军事首脑。附加给的官衔也是一个比一个高，包括邓国公的爵位。

防御使杨崇勋也算是刘太后重点照顾的对象。因在真宗朝时，告密寇准与周怀政谋划拥立太子即位，图谋政变有功，从而获得了青睐与赏识，并得到了超授观察使官衔的奖赏，历任殿前都虞候，殿前都指挥使等重要军职，跻身于禁军主要统帅行列。又获得了节度使头衔，先后在河北等地坐镇统军。

是时，乾兴元年十月，葬大行皇帝于永定陵。王曾劝刘太后将昔年伪造的各种"天书"，并随先帝下葬，以绝劳民伤财

第二十章　王钦若复拜相

的荒诞之举再起。

王曾的建议得到了参知政事吕夷简的支持,并得到了刘太后的允准。以"天书"殉葬皇帝陵墓,由此标志着持续多年的大规模迷信活动的终结。

越年改元"天圣",就是"二人圣",寓意为仁宗皇帝和太后两位圣人。副相冯拯因钱惟演是刘太后的亲戚,曾与丁谓同流合污,作恶多端。眼见得丁谓势力日趋削弱,他又反过来排挤丁谓。冯拯对此举深恶痛绝,遂上表说道:"钱惟演是太后姻亲,按祖宗制度外家不得干预朝政,请求将他放为外官。"

钱惟演之妹也就是太后寡嫂向太后哭诉说:"朝中大臣中只有这一个亲人了,他们又要把他赶出京城,那是对着你来的呀!你怎能不管?"太后苦笑道:"虽是如此,但祖宗定下来的规矩,怎能不依?"次日则降旨,以枢密使钱惟演为保大军节度使、河阳知府。朝中群臣大喜,太后心中却十分难过,明知这样做对自己十分不利,有失自尊,却也无可奈何。她心中盼望自己能像武则天那样有李义府或许敬宗为左膀右臂,但暗自叹息自己身边只有一个忘恩负义的丁谓,多么希望能找一个与自己贴心的,能干的人啊!

太后苦思冥想,终于想起一个人来,这个人便是王钦若。王钦若是真宗时期名相,他机智敏捷,因与丁谓不和,被贬出京城,以刑部尚书的身份任江宁知府。太后罢斥丁谓后就想找一个能够支持她执政的心腹,无疑王钦若正是合适人选。复召王钦若入都,用为平章事。冯拯也因身体多病,降为河南知府。

105

王钦若复相两年，旅进旅退，毫无建树，只言："皇上初政，用人当循资格，不宜乱叙。"编成一幅《官次图》，献于宫廷，未几病逝。

仁宗后对辅臣说道："朕观钦若所为，实属奸邪。"王曾答道："正如陛下所言。"仁宗乃擢张智同平章事，召知河阳军张耆为枢密使。

是时，仁宗的生母李氏，因为地位低下，不敢理论，默默地孤守在玉宸宫。人们都畏惧刘太后的威严，也没有人敢说出真相。

仁宗即位后，为防止生出事端，确保后宫稳定，刘太后准备让李氏去永定陵为真宗守陵。

于是，刘太后派内侍将李氏召来，对其说道："妹妹因先帝的误解，十几年来孤寂冷清，姐姐真的是挂念不已唉！"

单纯的李翠经刘太后这样一说，竟潸然泪下，感动地说道："谢谢太后的关照，这些年来奴婢已经习惯，起居生活尚好。"

这时，刘太后安慰李翠说道："这次召妹妹前来，主要是想和妹妹商量一件事情，不知妹妹可否愿意？"

李翠以怀疑的眼光，看着刘太后，不知她又要耍什么花招？

刘太后继续说道："妹妹啊，你是知道的，先帝已驾崩了，葬在永定陵，可是先帝那里无亲人值守啊！用几个宫人守着，哀家真是放心不下啊！"

刘太后说着，竟然掉下了几滴眼泪，"有时候，哀家恨不得抛下儿子赵祯不管，自己前去为先帝守陵。但是回头一想，

第二十章 王钦若复拜相

不行啊，赵祯现在即皇帝位了，年纪尚小，还需要哀家去辅政啊！妹妹你说该怎么办啊？"

李翠听太后都把话说到这份儿上了，这不是明摆着要让自己前去为先帝守陵嘛。看来太后主意已定，还不如自己知趣一点，主动去为先帝守陵。想到这里，李翠实然爽快地说道："太后不必多虑了，小翠愿为先帝守陵。"

刘太后顿时放下心来，对李翠安抚地说道："妹妹真是深明大义，不负先帝意愿！妹妹放心，一切起居生活均已安排好。再将你的嫔妃等级从婉仪晋升到四品顺容。"

"谢太后！"李翠跪谢刘太后。

"妹妹不必多礼，快快请起，来人呐！"刘太后又喊道。

"喏！"内侍罗崇勋应声进得厅来。

"李容妃要去永定陵，为真宗守陵。你务必将此事安排照应好。"刘太后诏谕道。

"喏，李容妃，请吧。"罗崇勋对李翠说道。

"太后，奴婢要走了。"李翠起身告辞。

"妹妹走好。"刘太后看李翠的背影，满意地笑了。

李妃为何对刘太后如此顺从，感恩戴德和知恩图报呢？这不仅因为刘太后的威严，而且还与刘太后十几年前未做太后时全心全意帮助她寻找弟弟李用和付出的心血有关。

在李妃出家之前，曾经送给弟弟李用和一个香囊，并再三叮嘱，以后不论遇到什么情况，也不能丢掉香囊。这个香囊，就是他们日后相认之物。

李用和自从与姐姐分别以后，在族人家里生活了半年之

大宋太后——刘娥

后，因为太想念姐姐了，就离家出走，踏上了寻找姐姐之路。结果姐姐未找到，反而流落街头，靠乞讨度日。后来，他被一个卖香烛香纸的商贩收留。此后数年，他一直在香烛铺当伙计。当然了，不论生活多么艰苦，李用和也没有丢掉姐姐给他的香囊，把这个香囊一直挂在身上。

后来，因李用和受了风寒，患了疾病，身体虚弱无力，无法干活儿了。黑心店主一看李用和不能干活儿了，还得花钱为他治病，索性就把他赶出了店。

李用和拖着个病身子，又流落街头过起了流浪生活，眼看着就要命归西天了，就在这时，他的贵人出现了。内侍张怀德奉娘娘的懿旨，拿着香囊的图纸，出来寻找李用和，结果正好看见了他。

张怀德看到了李用和身上挂的香囊，霎时间眼睛都直了，真是踏破铁鞋无觅处，得来全不费工夫，立即命人将李用和接到家中，聘请名医诊治，好吃好喝招待。

李用和病好后，张怀德便问起香囊之事。李用和便把当年如何与姐姐分别，姐姐赠给自己香囊，并如何叮嘱自己不能丢掉香囊之事，全部如实地讲了一遍。张怀德一听乐了，呵！就是您了。

张怀德马上带着李用和进宫，引见给刘后。刘后又将此事奏明真宗，让这个衣食无靠的香烛店伙计，当上了三班奉职，而且步步高升。

第二十一章　鱼头参政

初，仁宗即位尚幼，太后垂帘听政。虽政出宫闱，而号令严明，恩威加天下。左右近侍亦少所假借，宫掖间未尝妄改作。内外赐予有节。柴氏、李氏二公主入见，头发稀疏苍白。太后见状，可怜地说道："姑老矣。"遂令左右赐以珍珠和帕首。

时，润王赵元份妇安国夫人李氏亦老，发且落，闻知后入见太后，亦请帕首。太后正言说道："大长公主，乃太宗皇帝女儿，先帝诸妹也，作为赵家媳妇，怎可攀比呢？"安国夫人李氏闻言，自觉惭愧，悻悻退出。

刘太后在管制群臣上用于心计。在一次封赏仪式上，刘太后让大臣们把自己的子女、亲戚的名单报上。大家以为是要从中提拔选用一批官员，纷纷上报。名单都列得长长的，就怕遗漏，能包括的全包括了。刘太后便把名单绘制成图表，名为"百官公卿亲族表"，挂在自己的寝室。如有人推荐某人当官，她就查看那张表，除非验证有奇才，列入者基本不用。

刘太后还制定了"约束子弟诏"，要大臣百官带头教育好子女亲朋，奉公守法。如有违犯"子弟诏"的，刘太后严惩不贷。不少大臣对此耿耿于怀，但刘太后的政策深得人心，取得了天下人的信任，没有人敢随意篡改旨意搞特殊。当时的各级官吏基本做到了有令必行，有行必果。

刘太后执政提倡廉洁，当时法令规定，禁止献羡余。所谓献羡余，是指某些官僚将额外盘剥得来的赋税奉献朝廷，以便炫耀其政绩，其目的无非在于升官。

京西转运使刘绰无视禁令，依然这样做。他从京西还都，奏言："在庾储粟，有羡余粮千余斛，乞付三司。"

刘太后断然拒绝，并加以质问："卿识王曾、张知白、吕夷简、鲁宗道乎？此四人岂因献羡余进哉！"刘绰怀惭而退。

天圣、明道年间，廉吏辈出，如王随在江宁府，陈尧佐在并州，范仲淹在泰州，陈贯在泾州，张伦在江淮，杜衍在河北，均政绩卓著，受到当地百姓的拥护和爱戴。

薛奎在开封，严厉惩治豪强，外号"薛出油"；赵贺在汉州，敢于坚持原则，人称"赵家关"。诸如此类，不胜枚举。

翌年，刘太后下诏谕，命吕夷简与参知政事鲁宗道、枢密付使张士逊主持茶法改革。

在当时，茶叶这种产品可不能轻视，围绕其获取的利润是朝廷财政的重要收入之一。但年经日久，实行的专卖法僵化不堪。生产者抱怨无利可图，政府的收入也在减少，实在是上下不满意。

于是，代理三司使李咨提出以开放通商性的"贴射法"，取代专卖性的"榷茶法"。吕夷简与几位主持者，经过缜密地

第二十一章 鱼头参政

调查，深入分析，补充完善了"贴射法"，启禀太后，准奏。

刘太后还注重加强水利建设。宋初以来，黄河灾害频繁发生。真宗天禧三年（1019），黄河在滑州（今河南省滑县）决口，汇注于梁山泊，经南清河进入淮河，造成32个州受灾。天圣元年（1023）四月，刘太后任命祠部郎中孙冲为都大巡河，水利专家张君平为签书滑州事，负责堵塞滑州决堤的黄河河道，工程顺利启动。

刘太后听政的第一年，又对货币制度进行了改革，突出地表现了她敏锐的经济改革头脑。

宋朝初年，川蜀州县百姓因使用铁钱沉重，不便携带。于是，成都富豪连保印造"交子"纸印。

是时，有益州官员将此事上奏朝廷。刘太后召宰相王曾商榷道："王相，有益州奏书说，成都有人私制纸币'交子'，你看如何处置？"王曾答道："太后，从使用上看，纸币较铁币携带方便，有其新意，但是私自印造钱币，实属违法，朝廷必须加强管制。"

太后又说道："既然印造'交子'纸币，使用方便，又有新意，朝廷可否设立印造'交子'务？"

王曾又答道："'交子'虽然使用方便，但不可全国印造。可先行在益州成立官办'交子'务进行试点，这件事可令三司使李咨督办。"太后点首允准。

天圣元年（1023）十一月，刘太后批准在益州（今四川省成都市）成立官办的交子务，每年发行125万"交子"，促进了货币流通。这与刘太后货泉"欲流天下而通有无"的经济

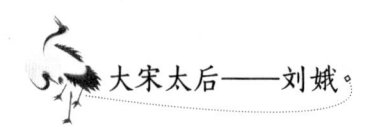

主张是完全一致的。由此出现了我国最早由政府正式发行的纸币——"官交子",也是世界上最早出现的纸币,它与金属货币并行流通。

再说新茶实施后,不仅茶农和普通茶商受益,更增加了朝廷的收入。但事物都具有两面性,新规则剥夺了旧时享有特权的大商贾的暴利,自然招致激烈的抵制,与这些人利益密切的官员也纷纷上奏,一时议论纷纷。冲突博弈的结果,通常是互相迁就、让步。

针对茶法改革后,实行新茶法中出现的一些失误,刘太后于天圣三年(1025)下令叫停,转而采用折中的茶法调和矛盾。同时决定对主持改革的官员给予处罚,张士逊素来私心重,为逃避责任,矢口否认支持过变法。吕夷简倒是坦然,既承认上报数字中存在水分,同时坚持认为改革卓有成效,但最终也免不了受到罚俸的处分。由此可见,吕夷简执政初期依然保留着兴利除弊、勇担责任的特点。

天圣五年(1027)四月,为加快黄河滑州段决堤堵塞工程进度。刘太后又命人率领3.8万名壮丁、2.1万名士兵前去堵塞滑州黄河段决口,并拨款50万贯购买所需物资。九月,工程顺利完工。被堵塞的滑州黄河决口堤坝,被朝廷命名为"天台埽"。

刘太后垂帘听政时,天下权力尽归其手。为讨好这位女主,内侍方仲弓提出要为刘氏修建七庙。自古以来,只有皇帝才能为自己的上七代祖先修庙祭祀。刘太后只不过是赵家的媳妇,在封建社会要为刘太后修七庙,会被看作是大逆不道的。

然而,刘太后收到这封奏折后,心里没底,只好拿到朝堂

第二十一章 鱼头参政

上询问群臣。面对刘太后的提问，满朝文武百官都不敢言。

正当群臣呆若木鸡，面面相觑之时，忽见参知政事鲁宗道出班奏道："修建七庙之事，万万不可！若设立了刘后七庙，后世的君主怎么办？"

听完鲁宗道的这句话，刘太后很是不高兴，但仍将此议搁置。

太后忽然又问道："唐武后如何？"

鲁宗道觉察到太后的用意，及正笏直奏道："武后实是唐室的罪人。"

太后复问道："如何这般说法？"

鲁宗道答道："幽嗣主，改国号，几危社稷，难道说这不是罪人么？"

太后听后默然，啥也没说，就退朝了。

是时，会两宫同幸慈孝寺。太后乘辇先行，鲁宗道上前挽住，奏道："夫逝从子，古有常经。太后母仪天下，不可以乱大纲，贻笑后世。"

未待鲁宗道语毕，太后即命停辇，让帝驾先行，然后随往。

当初，真宗皇帝在弥留之际，还重用鲁宗道的原因，除了他的为人正直忠心，值得托付外，更重要的是要把他留下来，以制约太后和群臣，看来鲁宗道的确是没有辜负先帝的重托。

至此，朝廷还有曹利用，自恃旧日功勋，气焰嚣张。加之太后倚重，目空一切。群臣惧怕，唯有鲁宗道敢于碰硬，会朝时经常与他据理力争。于是宫廷内外，赠予他一个美名，叫作"鱼头参政"。

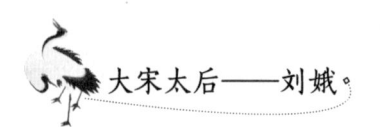

第二十二章　诗书将军

　　天圣元年（1023）六月间，对夏前线的环庆路副都部署田敏，因故免官。朝廷在商议接替人选时，有人举荐侍御史刘平，让刘太后想到了昔年丁谓对先皇夸赞过刘平的浑话。于是，朝廷下诏令刘平由文官改换武职。从侍御史、盐铁判官转为衣库使、环庆路兵马钤辖，兼任邠州（今陕西省彬县）知州。

　　依照惯例，衣库使名为负责内廷衣库，其实只是复杂的武职阶官之一，官衔不过正七品。钤辖才是差遣带兵的实职，但级别却低于副都部署。

　　事实上，受宋朝当时文尊武卑风尚的影响，文官少有从武的意愿。总之，在朝臣眼里刘平新任的官位，比之于原来的职务要差得多，也与其本人多年的夙愿相悖。但是皇命难违，他无奈脱离文士圈子，踏入武人行列。

　　提到刘平，是一位经历颇为传奇的将官。他的父亲刘汉凝是一名行伍出身的武官，曾追随宋太宗亲征北汉，立有军功。宋真宗景德元年（1004），曾奉命以北边巡检的身份配合大将

第二十二章　诗书将军

荆嗣,在莫州(今河北省任丘市北)一带阻击过辽兵南侵。

澶渊之盟签订后,宋辽休战,刘汉凝才被调回内地,出任淮南两路兵马都监。其官阶为正七品的崇仪使,只能勉强算是中级武将。

刘平出身将门,虽受家庭环境熏染,自小练就过人功夫,能骑善射,并形成了"刚直任侠"的秉性,但没有走大多数将门子弟随父从武之路,却发奋读书,志在科举,而将荫补低级武职的机会让给了自家兄弟。

景德二年,刘平在33岁时科考中进士。虽说算不上少年得志,却已大大超越同辈,跻身于士人行列。刘平的同年进士共有247人,其中状元李迪最终做了丞相,探花李谘成为枢密院长官,还有大史学家司马光的父亲司马池等人。刘平生逢其时,既把握准了方向,随后便一路坦途。

刘平做的第一个官职是从九品的无锡县尉,专责本县治安。无锡属太湖流域县份,本居朝廷财赋要地和富饶之区,但当时却从浙西流窜来一伙大盗,为首者擅使长枪,绰号"刘铁枪",搅得四乡不宁。

元旦之日,刘平等人去县衙拜访知县,不成想昏聩的知县竟摆出上峰的架势,坐在椅子上慢待众人。刘平原本就看不上这位考经书的老朽,再遭到如此待遇,刚直率性的脾气哪里受得了。当下就冲过去将知县拉下座椅,痛殴一顿,全然不顾惊慌失措的同僚劝解。当大伙匆忙救走知县后,他却从容回家,还酣饮至醉倒,竟不把刚发生的事放在心上。

消息传出后,满城的人议论纷纷。有人说刘县尉的胆子太大了要倒霉,有人说以后盗匪如何应付。"刘铁枪"一帮人闻知,更加肆无忌惮,欺压百姓,无恶不作,并公开结伙到城外市场聚众赌博纵酒。

不料想,刘平早派人暗中跟踪,故及时获悉强盗动向,他立即带领士卒将强盗团伙包围。刘平一马当先,亲手挥斩了酩酊大醉的"刘铁枪"与五名骨干,随之将其余二十多人收捕归案。

由此可见,青年时代的刘平胆气逼人,敢做敢当。事后,知县将他平贼和殴打上司的事一并汇报朝廷。

可能是因为刘平的平贼解除了难缠的地方祸端,所以,负责本路民事财政的长官转运使对刘平的评价颇高,便予以荐举。结果他不仅没有倒霉,而且因功获得提拔,升任开封府内鄢陵县知县。这倒确是少见,素来注重礼法的朝廷没有追究其以下犯上之罪。

在地方官任上,刘平时常显示超常的应变能力。不久,他调任南充县(今四川南充市)知县,又奉命以泸州代理知州的身份率三千士卒,击退周边部族的进犯。

宋真宗大中祥符八年(1015),刘平因父亡而解官奔丧。在返京途中遭遇十余匪徒抢掠,他操弓连发,当场射毙三人,其余的惊骇逃散。

刘平强悍的作风和事迹,引起朝廷大臣的注意,故相寇准还亲自向朝廷荐举。于是,他被正式提拔为泸州知州,部族慑于他的声威,都不敢再侵扰生事。

天禧元年(1017)五月间,刘平奉召入朝,出任监察御史。依本朝规矩，监察御史是朝廷最高监察机关御史台的官员，官阶虽不显赫，但肩负监督弹劾百官之责，从来就受到天子和朝臣的重视。初任言官，他就勇于论事，直指弊政，给人们留下深刻印象。

两年后，刘平兼任三司盐铁判官，也就是获得中央最高财经机关的兼职。当年，他又被选为出使辽朝的贺正旦使臣，代表本朝持节出使辽国祝贺新年。

刘平从政十四个春秋，从地方到中央，阅历已不算浅。时年47岁正是精力旺盛之时，加之皇上的好感，于是，刘平就放开手脚，不避权贵，数次上疏批评朝政。但因此得罪宠臣丁谓，以此埋下了倒运的种子。

据记载，宋真宗因赏识刘平的才能，打算重用他，调任他进入枢密院院事一职。但善操权术的丁谓却找机会，对真宗说道："刘平是将门之子，素来知兵，若派他到西北统军，足以克制西夏。"丁谓的这番恭维言语，其实暗藏算计。这样不仅当即打消了真宗的念头，以后也断送了刘平的光明前程。当陕西转运使出缺时，刘平虽获得委任，但不久就因与副职发生不和，被贬到襄州（今湖北省襄阳市）做知州。

刘太后垂帘听政之初，朝中便发生了一次激烈的政治斗争。宰相丁谓弄权多年后，结怨甚深，大失人心，已成为政治包袱。于是，当参知政事王曾密奏丁谓与大宦官雷允恭勾结及专权不法时，刘太后便抛弃了昔日的盟友，下旨将丁谓及其党徒贬出朝廷。

朝堂风云变幻之际，对身处襄州的刘平而言则是拨云见日。他先是被提拔为从六品的侍御史，此官在御史台是仅次于长官御史中丞的职务，又可接近天子。次年，也就是天圣元年（1023）初，再被征召回朝，恢复三司盐铁判官的差遣。时任三司使李谘，正是刘平的同年故交。看起来，他在年过半百时仿佛又时来运转了。

但是光阴荏苒，命运无常。没有料到距开封府数千公里外的一次武官的人事变动，竟又一次将刘平扯回武人行列。

刘平新的任所邠州地接对西夏前线，沿边又有许多归属的羌人部落，故武装冲突时有发生。以刘平的出身性格看，绝非无为怕事之辈，因此很快就适应了新角色。当地的丽珠、磨糜等羌人部落反复无常，时常讨好朝廷和西夏之间，有时还协助西夏骚扰边境。

为了稳定边防，刘平机智应对，遣师出击，杀伤其数千人，遂收服诸部。之后的几年里，他又先后调任鄜延路，洛原路兵马钤辖，仍在西北前线统军，开创出值得称道的业绩。宋仁宗对身边臣僚感慨地说道："刘平，真所谓诗书之将也！"天子金口玉言，颇有倚重刘平这位儒将的意思。

刘平虽说是本朝科举文臣出身的大将，且地位颇高，但依当时惯例，只能出任文官主帅的副手，这就是宋朝"以文驭武"治军原则的产物。他自转为武官身份后，便不能真正独当一面，所以无论是在陕西还是河此，总是只能做副都部署的原因所在。这就为刘平的悲剧人生埋下了伏笔，以致在康定元年正月初，对西夏的三川口战役中，刘平等人无法自主用兵，听从素无军事经验的主帅范雍的错误指挥，导致全军覆没，刘平、石元孙两位宋军大将被俘遇害,壮烈牺牲的悲惨结局,这是后话。

阅刘平其人其事,不免使人思绪万千,而观其结局,实则令人感慨叹息。其实,从刘平的经历来看,其能力显然不是问题,完全有可能取得不俗的功绩,但最终却武功不兴,酿成悲剧。正如陆游在词《关山月》中形容的那样:

笛里谁知壮士心,沙头空照征人骨。

如其说是刘平命运不济的话,实在是与当时错综复杂的朝廷政治势力及封建制度脱不了干系。

第二十三章　曹利用遭贬

天圣六年，副相张知白病故。丞相王曾推荐吕夷简接替，枢密使曹利用则推荐张士逊。要说这两位被推选人，优劣本是一目了然的，但竞争有时就是不公道的。

刘太后召见王曾，说道："张士逊官资高于吕夷简，应该提携。"

王曾苦心劝谏道："回禀太后，选择辅臣应首先考虑才能。按照吕夷简的才智，做辅臣肯定会干得更好。"

此时的吕夷简，已深谙朝中内幕。张士逊虽然平庸无能，但却是真宗藩邸旧人，又有太后和曹利用的支持，不可与其相争。他从长远考虑，只得明智地采取了退让之策。

于是，吕夷简主动上奏书，向太后表示："张枢密是侍奉陛下最久的老臣，具有纯善之德，还请先于重用。"

刘太后当然高兴，就顺水推舟地传诏起用张士逊。不过，吕夷简的谦虚退让倒也给刘太后留下了较好印象。

越年，参知政事鲁宗道病殁。鲁宗道，亳州人，生平刚

第二十三章 曹利用遭贬

直嫉恶,殁谥"简肃"。刘太后亦亲临赐奠,称为遗直,哀悼不已。

继而,朝廷收到赵州知州的奏书,告发赵州兵马都监曹汭"身穿黄衣,被众人高呼万岁",意图谋反!现已将人犯押入大牢,等待圣裁。消息传到京城后,朝野震惊。

为了弄清事实真相,刘太后命亲信内侍罗崇勋前往赵州,查明此事。

罗崇勋知道曹汭系朝廷枢密使曹利用的侄子,也是因为这种叔侄关系,曹汭才担任赵州兵马都监的。

提起曹利用,罗崇勋还一肚子气。曹利用担任枢密使,实际上就是朝廷的兵马大元帅,自觉得自己是太后一人之下,万人之上的人物。平日在朝廷里狐假虎威,不把丞相王曾放在眼里。上朝时排班位,总要站在第一位,把丞相王曾放在身后。入宫觐谒太后时,从不把宫中的内侍放在眼里,稍少怠慢就吹胡子瞪眼,从来不给个好脸子。

内侍有时来大臣家传旨时,大多数官员都热情款待这些"中贵人",生怕这些中贵人回去后说坏话,中伤自己。但曹利用却反其道而行之。有时内侍来他府上宣旨,曹利用跪在地上听着,等内侍宣读完后,他接过圣旨,转身就走,直接就把内侍等人晾在那里,很是尴尬,内侍便无趣地退出了。因此,宦官们越来越憎恨起曹利用了。

曹利用得罪了刘太后身边的内侍不要紧,还因为不同意刘太后大肆封赏皇亲国戚一事,把刘太后也惹恼了。

事情是这样的,刘太后垂帘听政后,为了巩固自己的权

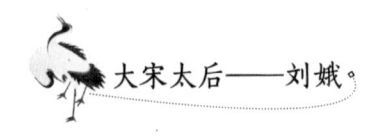

力,她虽然限制了百官的晋升速度,但还是大加封赏皇亲国戚,来拉拢人心。

本来朝廷封赏有严格的规定,外戚若想升官,除非立下大功,否则是不可能轻易晋升的。为了能给皇亲国戚升官,又不违反朝规,刘太后玩了一把擦边球。她以"内降"的形式,绕过了任命百官的中书省,直接对外戚们下达了圣旨,让他们升官发财。

当然,刘太后的这种做法,理论上是不可行的。但是当时的丞相王钦若、冯拯等人深知太后的心思,就默认了这种任命形式。

但是中书省默认了,不代表枢密院也跟着照办。作为枢密院的领头人曹利用就不给刘太后的任命诏书签字。对此,刘太后也很无奈。

然而这些皇亲国戚们知道了事情的原委后,就想去求助曹利用了。但是又不敢直接去面见曹利用,怕碰钉子。后来打听到曹利用有个老母,就住在京城,何不去他老母那里相求呢?主意一定,他们先找来一个低级官员,让他带着贵重的物品,去拜访曹利用的老母。

大部分女人心地是善良的,而且是比较好求的,曹利用的老母也不例外。当她看见这么多的金银财宝,顿时两眼就放光了。她把这些财宝爱不释手地揽在怀里,拍着胸脯说道:"不就是升个职吗,小事一桩,明天就让你满意。"

果然,第二天这个官员再来拜访时,就得到了曹利用签发的任命书。有人很快就把这件事禀报了刘太后。但令人匪夷所

第二十三章 曹利用遭贬

思的是，刘太后对此事竟然默不作声，坦然处之。

因为刘太后觉得曹利用的老母虽然贪财，但曹利用只是任命了一个小官，这不是什么了不起的大事，况且这些皇亲国戚们的行贿之事传扬出去，也有损皇家尊严。

但是站在刘太后身旁的内侍罗崇勋，却对刘太后说道："太后恩典宗室外戚，发出内降，让他们升职，却被曹利用阻挡了。但曹利用的老母向儿子颁布了一道命令，曹利用却同意了。"

罗崇勋说的这句话，一语中的。因为这句话的潜台词便是堂堂大宋王朝的国母，在任命官员的事情上，竟然不如一个小小的家媪。

刘太后不禁勃然大怒，原来你曹利用阻止哀家为皇亲国戚升职，目的竟然是为了索取贿赂啊，这样的贪官留其何用啊！

再说罗崇勋奉旨前往赵州调查曹汭反叛之事，既然是刘太后的亲信，自然知道刘太后想要的结果。

经过一番缜密的调查后，罗崇勋给朝廷上了一道奏书，说赵州兵马都监曹汭"黄袍加身，士兵高呼万岁"的事情属实，理应处斩，以儆效尤。但是，曹汭只是一个小小的兵马都监，就敢干这种谋朝篡位之事，背后肯定有人给他撑腰，否则绝不可行。而这个给他撑腰的人，一定跟他关系密切，且必定是一个朝廷高官等等。

话都说到这个份儿上了，明白人一看就知道罗崇勋所言是何用意了。他就是要用这种牵强附连的事情，把曹利用拖下水。

果然不出所料，朝廷在收到罗崇勋的奏折后，刘太后立即大宋太后——刘娥。

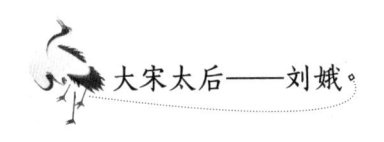

诏令曹利用暂停枢密使之职,召开群臣廷议,解决此事,并将罗崇勋的奏折,发交廷议。

副相张士逊出班奏道:"此事系不肖之子所为,与曹利用大臣是没有关联的。"

刘太后怒道:"你是觉得曹利用有恩于你,才这样说吧?"

这时宰相王曾也出班奏道:"这事与曹利用无关。"

刘太后复语王曾道:"卿曾说曹利用骄横,今日如何替他解释了?"

王曾答道:"曹利用素来恃宠,所以,臣对他有些看法。今若牵连侄案,说他叛逆,臣实不敢附和。"

刘太后怒气稍消,乃罢曹利用为千牛卫将军,除知随州。张士逊亦遭到罢职。曹汭"谋朝篡位"罪名成立,斩立决。

曹利用遭贬遵旨出都,准备前往随州。复坐私贷官钱罪,再贬房州。罗崇勋再遣同党杨怀敏,羁抑曹利用至襄阳驿,恶语相辱。曹利用气愤交迫,竟至投缳自尽。

第二十四章　王曾罢相

曹利用遭贬，副相张士逊也遭贬罢职。丞相王曾因此再次向刘太后推荐吕夷简时，"谦恭能让"的吕夷简终于获得刘太后认可，登上了副相之位。

宋廷就此调整了部分官员，任命吕夷简同平章事，夏竦、薛奎参知政事；姜遵、范雍、陈尧佐为枢密副使，唯王曾任职如故。

没过多久，宋仁宗突然颁布了一道圣旨，告之群臣："朝廷要举行太后受册礼仪，拟御天安殿，受百官朝贺。"

丞相王曾闻知后，表示坚决反对。他认为天安殿是朝廷的主殿，其等级之高，地位之尊，无可比拟。在宋朝的礼制中，只有皇帝才能登此宝殿，享受被百官朝拜的特权。副相吕夷简没有表态，在王曾的坚决反对下，太后受册典礼只能在偏殿举行。

及太后十一月过60大寿生日，又欲御天安殿，并且仁宗要率领文武百官去大庆殿给母后请安，随后太后再去天安殿接受

大宋太后——刘娥

文武百官的朝拜。

丞相王曾闻讯后力阻,他说道:"儿子给母亲庆寿,符合孝礼。但这种庆典仪式,应在后宫举行,万不可以登临天安殿。"

刘太后勉从王曾议,均就便殿举行,当即了事。可是太后左右姻家,稍多请谒,王曾也多方裁抑。太后心情不悦,但又不好无故发作,只得再三含忍。

不意天圣七年六月的一天,天气阴沉,忽然雷声大作,骤降倾盆大雨,电光乱掣玉清昭应宫内,竟射入一大火团,四处爆裂,霎时间裂焰飞腾,飞穿屋顶。卫士们慌忙扑救,用水扑火,火势更猛,轰轰烈烈地烧一夜,竟将整座琳宫玉宇变成了一片瓦砾焦土。只剩下长生、崇寿二小殿,尚且留存。

刘太后闻报,传旨将守宫官吏系狱问罪。一面召集群臣,流泪说道:"先帝竭尽心力,尚成此巨宫,一夕毁尽,如何对得住先帝?"

枢密副使范雍出班奏道:"如此大宫遽成灰烬,想是天意,非出人事。不如将长生、崇寿二殿一并拆除。如因二殿尚存,再议修建大殿,不但民力不堪,就是上天亦未必默许啊。"

中丞王曙亦言是天意示戒,应除地罢祠,上回天变。

司谏范讽且言道:"与人无关,不当置狱穷治。"

刘太后乃下诏不再修建玉清昭应宫,改长生、崇寿二殿为万寿观,减轻守宫诸吏罪,并罢废诸宫观使。

虽说刘太后下诏减轻守宫诸吏罪,但并没说可以不查火害事故原因。她诏令有关部司,务必将火灾事故查得清清楚楚。

第二十四章 王曾罢相

刘太后诏令一下,谁敢怠慢!很快,火灾事故原因就查得水落石出了。这场大火根本不是天灾,而是一场实实在在的人祸。

火灾事故的起因,是玉清昭应宫守吏李知损玩忽职守造成的。原来,李知损不遵守规定,亵渎神灵,在看守玉清昭应宫时,竟敢在大殿里喝酒吃肉。醉酒之后,李知损无意间碰倒了一个烛台,烛台火苗点燃了帷幔而引发大火。

大火燃起后,李知损扑救不及,而选择了逃命。后来,眼看大火越烧越凶,继而烧毁了整个大殿。李知损害怕承担责任而被治罪,就到处散布谣言,说玉清昭应宫之所以被烧毁,是天火原因,以掩盖自己的罪行。

得到这个奏报后,刘太后大怒,立即诏令逮捕李知损下狱,准备将其满门抄斩。玉清昭应宫其他宫守,也都要严惩不贷,以儆效尤。

诏谕一出,王曾就率领群臣上书,请求刘太后收回成命,从轻发落。刘太后是一个很听劝的宽容之人,大家一求情,她就同意了大家的请求。但死罪可免,活罪难逃,将李知损罢官流放,永不叙用,其他宫守也都从轻发落。

处理完李知损等人后,刘太后又召集群臣,当众颁布了一道令人匪夷所思的决定:玉清昭应宫被烧毁一案中,虽然李知损尚属首犯,承担主要责任,但若不是丞相王曾用人无方,查禁不严,怎么能发生这次烧宫横祸!因此,王曾也要负连带责任,必须严惩不贷。

接着,刘太后下诏谕道:玉清昭应宫被烧毁一案中,王曾大宋太后——刘娥。

用人无方,核查不严,罢免相位,出任兖州知州。

此判决一出,朝野震惊!大家无论如何也想不到,刘太后竟然用烧宫案,罢免了王曾的相位。

伴随着朝廷"三位大佬"的相继离开,刘太后终于摆脱了束缚,可以随心所欲地换一批忠于她的大臣了。

在刘太后的精心布局下,朝廷班子焕然一新,中书省、枢密院"二府"更是换了很多的人选。

中书省方面,王曾罢相后,由副相吕夷简接任。枢密院方面,由杨崇勋上位,成为新的枢密使。

坚持原则永远是正确的,但得罪了掌权者也要为此付出代价,丞相王曾就是这样的牺牲品。身处朝堂的吕夷简,谙知朝堂内幕,吸取经验教训,迅速调整了自己的从政方略。也就是说,他掩其锋芒,韬光养晦,放弃了先前直言敢谏的风格,转而热衷权术,以明哲保身为要务。

第二十五章　仲淹上疏

当初，赵祯即皇帝位时，年龄只有13岁，对当时朝廷中发生的变动，既不过问，也无兴趣。除了陪刘太后例定的坐朝听政外，业余时间都在杨太妃的陪同下，潜心于音律、诗词和书法的钻研与练习。他的飞白书，体势遒劲，颇有功力。在宋代皇帝中堪称首属。

随着岁月的流逝，年龄的增长，赵祯逐渐成熟，处事有了自己的主见和思想。天圣元年（1023），赵祯14岁时，刘太后诏谕为赵祯选妃。朝中的王公大臣纷纷推荐自家的女儿到宫中备选。

赵祯最先醉心于姿色绝佳的王蒙正的女儿，刘太后却认为此女妖艳太甚，不利少主，把她许配给自己的侄子刘从德。眼看绝代佳人成为他人之妇，赵祯久久不能释怀，然而也无可奈何花落去。

天圣二年（1024），赵祯15岁时，刘太后诏谕为赵祯选立皇后。赵祯又属意于大将军张美的曾孙女，但刘太后却坚持

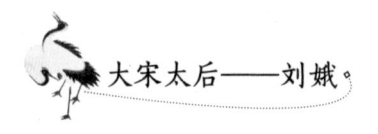

立另一大将郭崇的孙女为皇后。刘太后对辅臣说道:"自古以来,外戚都因家族昌盛、权柄过重而招致祸端,没有几个有长保富贵的。因此,哀家从衰微的旧族中选出郭氏,奉为皇后,也是出于避免外戚干预政事啊!"既然刘太后发话了,朝中大臣也就同意册立郭氏为皇后。

赵祯无奈,只得顺从太后的意愿。郭氏虽然做了皇后,赵祯碍于太后的情面,也对她颇为尊礼,然而只是敬而远之,二人谈不上什么感情。郭皇后对此深为不满,经常抱怨。刘太后同情她,就禁止其他宫女接近赵祯。赵祯惧怕太后,只好忍气吞声。因此,他转而热恋着与郭皇后一起入宫的张氏。以晋张氏为才人,又晋美人的办法,来表示对刘太后专擅的不满。尤其是刘太后听政时间较长,百官群臣都慑于太后独断,大多数不敢言朝政得失,言路闭塞。

女主听政,在中国古代总不为正统观念所认同。然而王曾力争一个"权"字,刘太后在垂帘听政之初,也不得不许诺"候皇帝春秋长,即当还政"。

天圣七年(1029),赵祯已到弱冠之年(20岁),但刘太后丝毫没有还政的意思。于是,其后几年,内外臣僚要求仁宗亲政的呼声越来越高。对于这些奏疏,刘太后或是不予理睬,或是借故把建议者调离出朝,将大权一直牢牢地攥在手中。

是时,有朝廷秘阁校理范仲淹上书,请太后撤帘归政。对于范仲淹来说,这是需要极大勇气的。因为他不是谏官,位居秘阁校理,一个中级的文学侍臣,竟敢越级说出大臣不敢说的

第二十五章 仲淹上疏

话,幸亏刘太后不敢学武则天,将范仲淹的疏入不报,也未责怪他恣肆狂妄。但却把参知政事晏殊吓了一跳,因他是范仲淹的引荐人。于是,晏殊把范仲淹找来,着实地责怪了一番,还说他沽名钓誉。范仲淹乃请外调,出任河中府(今山西省永济市)通判。不久,又调陈州(今河南省周口市淮阳区)通判。

范仲淹虽在外,仍谨守他的原则:"居江湖之远,则忧其君。"不断向朝廷建言,并再次上疏,请太后归政颐养。这敢于捋最高权威虎须的人,必有泱泱抱负,且具大无畏之精神,而断非沽名钓誉者流。

其实,范仲淹在真宗大中祥符八年(1015),就登进士第,授广德军司理参军。仁宗朝以龙图阁直学士与韩琦并为陕西经略安抚副使,带兵同西夏抗战,保证了国家西北边疆的安宁。

范仲淹是北宋最为杰出的政治家,兼通文武。在文学创作方面,留下了千古名篇《渔家傲》,词曰:

塞下秋来风景异,衡阳雁去无留意。四面边声连角起。千嶂里,长烟落日孤城闭。
浊酒一杯家万里,燕然未勒归无计。羌管悠悠霜满地。人不寐,将军白发征夫泪。

这首词反映了边塞生活的艰苦和作者坚持反抗侵略,巩固边防的决心和意愿。同时还表露出外患未除,功业未建,久戍边地的士兵思乡等复杂矛盾心情。

大宋太后——刘娥

范仲淹写的诗词数量虽然不多,视野却十分开阔,不论就语境、词风的开创,还是就艺术表现而言,范仲淹在中国的词史上都占有不可忽视的地位。

尤其是范仲淹以名节自励,倡导"先天下之忧而忧,后天下之乐而乐"的以天下为己任的精神,成为宋代士大夫精神风貌的一种新写照。这些都是后话。

对于范仲淹,刘太后虽然尚忌惮"鱼头参政"鲁宗道辈前朝老臣,但对范仲淹辈新进朝臣,是并不放在眼里的。范仲淹曾一再犯颜上疏,促太后归政,而并未受责罪者,皆缘于皇帝已经成年,而且也是一位好学有容颜具仁心的天子,理应让他亲政了。太后对范仲淹的上疏,只能不加理会,而不能加罪了。

当此之时,仁宗已经成年,具备了亲政条件。但年逾六旬的刘太后权力欲丝毫未减,继续控制着最高权力,这就使得朝堂处于扑朔迷离的微妙境况之中。

新任丞相吕夷简深知太后和皇帝都是主子。一个是眼下短期的主宰,另一位则是未来长久的君主。若太亲近皇帝,当下就可能下岗,而若过分讨好太后,日后肯定会遭到清算的。因此,必须拿捏好分寸,与两者都搞好关系。无须担心,吕夷简有足够的聪明才智,足以调和两宫之间的矛盾,并为自己夯实根基。

吕夷简不愧为擅权术的老手。一方面,在涉及太后利益时,他尽可能选择顺从,取悦太后。但要做到心中有数,不可逾越底线。

第二十五章　仲淹上疏

自刘太后垂帘听政以来，朝内外一些善逢迎之人，为邀宠而投其所好。一位叫方仲弓的人，上书乞请朝廷仿照唐朝武则天故事，为刘氏立宗庙，因朝臣反对而作罢。御史台的长官程琳也向内宫献《武后临朝图》，暗含劝刘太后效法武则天改朝之意。她掷于地上，说道："哀家不做这有负祖宗的事。"

吕夷简深知此类事必将冒天下之大不韪，故没有支持附和。刘太后最终也不敢迈出这一步。但为了赢得太后的信赖，在其他方面则能满足就满足。

当年冬至，又逢太后寿辰。作为唯一丞相的吕夷简，一改前丞相王曾的做法，不顾范仲淹等人的强烈反对，与天子率领群臣赴天安殿朝贺，满足了太后的虚荣心。

在历史上，太后当政与外戚骄横是常见之事。刘太后举目无亲，对她来说，所谓外戚无非是指其表哥刘美（龚美）一家及其姻亲。刘太后在真宗时做美人之后，仍念旧，将表哥龚美，改姓后叫刘美。刘美初事真宗于藩邸，以谨力被亲信。再加上刘氏这层关系，升迁较迅速，官至侍卫马军都虞候、武胜军节度观察留后。刘太后垂帘听政时，其表哥刘美已病殁。刘太后临朝后所宠信的外戚，主要是刘美的儿子刘从德、刘从广和女婿马季良、妻兄钱惟演。

刘美的小儿子刘从广年仅13岁时，即病殁。大儿子刘从德，少无才能，特以外戚之故，恩宠无比。可惜的是刘从德命短，仅官至知州，24岁时便因病早逝。刘太后悲怜之忧甚，将他的亲戚、门客以至童仆共数十人一律封官。恩泽待遇空前，这样做的确太过分了。御史曹修古、杨偕、郭劝、段少连接连

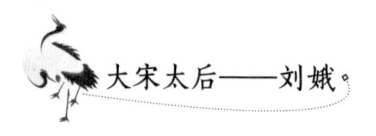

上奏，批评此举败坏朝廷规矩。

刘太后闻听后大怒，下令将奏章交由丞相处理。吕夷简深知太后的厉害，便不分青红皂白地将为首的曹修古谪往外地，其余之人也分别加以贬降。

至于马季良做官，全靠刘太后栽培。马季良家本是茶商，因是刘美女婿，于是召试官职。刘太后想方设法地把他提拔为龙图阁待制，但也因无才能，终刘太后之世，仅官至兵部郎中、江南安抚使。

在当时的外戚当中，曾任执政大臣的只有钱惟演一人。他在真宗时历任翰林学士、枢密副使等要职。刘太后垂帘听政之初又升任枢密使，后因副相冯拯上奏书："惟演以妹妻刘美，乃太后姻亲，不可与机政，请出之。"于是，钱惟演在乾兴元年十一月被解职。

刘太后在垂帘听政时，比较谨慎，也不愿过分放纵外戚，再加上士大夫竭力反对外戚用事。宰相吕夷简的办法是：多称引前代母后临朝以致祸之道，以劝解焉。

鉴于以上因素，加之刘太后"无宗族"，而刘美又起自银匠，其家族缺乏根基。因此，刘太后当政期间的外戚势力，还是相对比较微弱的。

第二十六章　皇宫失火

天圣九年残腊，仁宗改元"明道"，寓意"日月同道，皇帝太后共治天下"。经过月余，其生母李氏病重，刘太后诏谕李氏由顺容晋位宸妃。

当时天子对自己的身世真相一无所知，只有少数知情者清楚李氏的身份。刘太后当然不愿公开这个秘密，及李宸妃殁后，便打算以普通宫女的规矩隐秘治丧于宫外。

这又是一个棘手问题，如果处理不当，天子亲政后一旦获知真情，必定要追究，主政大臣自是难辞其咎。

于是，吕夷简冒险主动入宫询问李妃死讯。入奏太后道："闻有宫嫔薨逝，如何未闻内旨治丧？"

刘太后一听就紧张起来，生气地说道："丞相也要管后宫的事吗？"

吕夷简答道："臣待罪丞相，事无大小，都应该知道。"

太后不悦，遂起身引帝入内。稍后复出，独立帘下，怒容满面地说道："卿欲离间哀家母子吗？"

大宋太后——刘娥

吕夷简不慌不忙,竟爽快地奏道:"太后不顾念刘氏,臣不敢多言。如果想使刘氏家族久安,宸妃葬礼,万不能从轻。"

太后性智灵敏,一闻此言,不禁点首。有司奉太后意旨,只上言本年岁月,不利就葬。

吕夷简又道:"就葬不利,殓应加厚。宫中举哀成服,择地暂殡,难道也不行么?"

太后乃对吕夷简说道:"卿且退,哀家知道了!"言毕入内。

内侍押班罗崇勋,也想随入。吕夷简竟将他扯住道:"内侍且慢,麻烦你申奏太后,宸妃当用太后服装成殓,还要用水银盛满棺内。否则,将来别说夷简未曾提及,致贻后悔。"

罗崇勋允诺,入奏太后。太后令如言照行,停枢洪福寺。

明道元年(1032)八月,皇宫发生火灾,一场大火席卷了朝廷宫殿。这次大火烧的不是远在皇宫城外的玉清昭应宫,而是近在咫尺的皇宫内的数座殿堂。

当时,由于夜里风大,火势迅速蔓延,先是烧了皇帝览阅奏章的崇德殿,随后烧毁了长春殿,最后烧到了皇帝正在休息的寝宫延庆殿。

大火燃起时,皇帝正在休息,太监们慌忙奔跑,救援的卫士不熟悉现场状况,一时间找不到皇帝,只能看着火势越烧越旺,毫无办法。

正在这十分危急时刻,小黄门侍卫王守规淋湿衣服,冒着浓烟烈火,冲入延庆殿内,将皇帝救了出来。

救出皇帝后,王守规背着皇帝和几个侍卫一路小跑,向延

第二十六章 皇宫失火

福宫奔去。之所以选择延福宫,是因为那里远离主要建筑物,相对独立,比较安全。

在去延福宫的途中,因为时至深夜,所有宫殿的大门都已上了锁。朝廷有令,未经许可擅自开门,便是死罪。面对此情,随行的宫人、侍卫都茫然失措。关键时刻。还是王守规当机立断,令人用刀斧砍断锁环,这才护送仁宗到达延福宫。

王守规奏请仁宗,将陛下的位置报告给太后,以免大家找不到皇上,而另生变故。得到仁宗的恩准后,王守规又率人赶到太后殿,将太后接到延福宫,并平息了皇宫内的混乱。

第二天早朝时,等在宫外的群臣早就知道了宫内发生火灾的事情。文武百官聚在城门外,请求进宫。但城门紧闭,群臣无法进入。此时,丞相吕夷简等人要求叩见皇帝。宋仁宗这才驾临拱宸门,在城楼帘内接受群臣的朝拜。

因为距太远,看不清君王的面容,吕夷简担心"狸猫换太子",独自不拜。仁宗遣人下来询问其故,吕夷简答道:"宫廷有变,群臣希望亲自目睹陛下容光。"天子遂挑起帘子接见群臣,他这才放心朝拜。他的这一忠心之举,也给仁宗留下了深刻印象。

火灾后,依照天人感应之说的惯例,官员们可以议论朝政得失。殿中丞滕宗谅、秘书丞刘越等官员乘机上奏,要求太后还政于天子。

丞相吕夷简心内虽有感,却不表态支持。但在关乎仁宗地位、感情等重大问题上,还是运用权谋据理力争,从而赢得了天子的感激和信任。

大宋太后——刘娥。

说起来，当今天子的身世却也令人同情。刘太后因一直不能生育，没有子嗣成了最大的心病。仁宗是真宗皇帝唯一的血脉，从小却离开了生母，被当时还是修仪的刘氏夺去当儿子养育。

自从仁宗继皇帝位，刘太后听政后，便多疑猜忌，还是不放心小皇帝，总是惧怕他背叛自己。为此，刘太后多留了一手，以真宗早夭长子托梦为由，将真宗异母兄弟之子赵允初养于宫中，以防不测。

刘太后的这种做法，的确对尚未亲政的仁宗构成了威胁。赵允初成人后，吕夷简深感情况不妙，担心发生变故。思前想后，他决定出面解决这个问题。

有一天，吕夷简借入宫觐谒之机，独奏太后道："臣闻后宫滋养真宗族兄之子允初，已经成人，继续供养下去恐怕于天子和太后不利。"

太后厉声向道："此话怎讲？"

吕夷简情深意切地说道："现如今，朝廷大事均由天子和太后主持。允初继续留在宫中，恐怕会引起群臣猜忌和不安，是太后听政的不安定因素。臣下认为，为确保大宋王朝的安定，天子和太后共同执政的长治久安，适时将已成年的允初送出宫外，很有必要，万望太后采纳罪臣的冒死谏言。"

在吕夷简的耐心而坚决的说服下，刘太后只得放弃原来的打算，传旨令赵允初出宫。

再说经过这场皇宫火灾后，刘太后突然病了，而且身体一天不如一天了。而造成这种状况的原因，也许就四个字——心

第二十六章　皇宫失火

里憋屈。

刘太后惊讶地发现，赵祯的年龄确实越来越大了。满朝文武百官越来越不听自己的。丞相吕夷简虽然对自己尚忠诚，但维护皇帝的利益方面也不含糊，使太后放心不下。副相晏殊、三司使薛奎等人更是死心塌地的保皇派，而且拥戴皇帝的官员越来越多了，呼吁她早日还政于天子的呼声越来越高了，种种迹象表明，自己听政的日子将会变得越来越少了。

如果说这场大火是天灾，倒不如说是场人祸。它既摧毁了皇宫里的楼阁殿堂，也摧毁了刘太后那颗称帝的雄心，这也不为过。

当然，以刘太后的倔强性格，她决不会做一个平庸的女人。即使无法实现心中的那个梦，她也要通过其他形式，不给人生留下任何的遗憾！

第二十七章　乐极生悲命归天

明道二年（1033）正月，刘太后突然生病，仁宗前去宝慈殿看望时，刘太后突然提出了一生中最后的愿望，也是最后的要求，想去太庙祭祖。

在传统礼仪中，太庙是供奉宋朝历代皇帝的地方。除了皇帝外，其他人员皆不可进。不管你是建功立业的文武百官，还是身份高贵的后宫嫔妃，只能止步在外面待着，不许踏入太庙一步。

自古以来，进太庙者，仅限皇帝。刘娥若进入太庙，也就等于"称帝"了。

一声巨雷震天响，得知刘太后的这个要求后，群臣立刻炸开了锅。朝野上下，连同地方的官员接连上书，要求皇帝立即驳回太后的请求。

副相晏殊手捧一本《周礼》，给皇帝上了一堂古代礼仪课，告诉皇帝，朝廷最高礼仪极限在哪里，以使皇帝阻止刘太后的不法行为。

第二十七章 乐极生悲命归天

参知政事薛奎进谏道:"太后若御帝服,将用什么拜礼?"太后搁置奏折,不从。

然而,在群臣的反对声中,皇帝一脸茫然,不知如何处置,便召丞相吕夷简商榷此事。

吕夷简叩奏道:"太后年纪已高,体弱多病,为国家鞠躬尽瘁。晚年想祭拜婆家的祖先,这个愿望并不过分。"

仁宗即点首,说道:"卿所言极是,准奏。"既然皇帝同意太后拜谒太庙,吕夷简就领旨前去安排实施了。

为此特命直集贤院王举正、李淑等人与太常寺礼官临时制定相关礼制。刘太后想着天子的衮冕拜谒太庙。参知政事晏殊认为应穿王后礼服,《周室》中有明确的记载,是不可违背的,惹得太后怒气冲天。其他大臣唯恐坏了礼制,又惧怕太后怪罪,所以推来推去,迟迟未作决定。

吕夷简为讨好太后,又能与大臣交代一下,想了个折中的办法,从中斡旋。于是便对太后说道:"按照礼法,着天子衮冕拜谒太庙,须要行跪拜礼。以太后的尊贵的地位,怎能入太庙行跪拜礼呢?但穿着王后服,也有失太后尊贵的身份。"

太后听后,一头雾水,不得其解地说道:"那吕相想怎样处置呢?"

吕夷简答道:"罪臣想是否可以将太后所着的衮冕稍加改制,这样既与礼法无关,又可彰显太后的尊贵与威严。"

太后闻听后,觉得吕夷简说的方法,虽然并不理想,但也是大势所趋,没有更好的方案了,于是便点首应允了。

这样礼官很快议定:"天子的衮服,花纹有十二章;太后

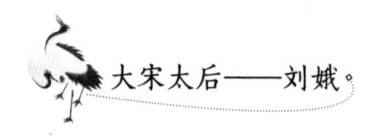

也穿衮服，唯比天子减两章。天子戴冕，前后各垂十二旒；皇太后所戴冠，前后也各垂十二旒，取名为仪天冠。不同之处在于天子冕旒是用五彩丝绳串五色玉而成；仪天冠改玉为珠翠。太后入谒太庙只拜不跪。

明道二年（1033）二月，筹备了近两个月的这场前无古人，后无来者的太后拜谒太庙祭祖的典礼，终于如期举行了。

刘太后拜谒太庙祭祖那天，太庙殿前广场，气氛隆重而威严，祭典乐曲阵阵，彩旗飘飘。

刘太后头戴仪天冠，身着龙袍，备齐法驾，至太庙主祭。杨太妃、郭皇后也跟随其后。

刘太后神采奕奕地步入太庙，虽然昂首举步坚毅，但也不免显露出年迈体弱，腿脚不灵的虚弱一面。太后行初献礼，拱手上香。皇太妃杨氏亚献礼，郭皇后终献礼，祭奠赵氏先祖。

礼毕，群臣上太后尊号，尊为"应天齐圣显功崇德慈仁保寿皇太后"。

刘太后谒见太庙后，回到宫中，觉得着衮冕，很是威风好看！从此临朝听政，也就穿戴起来。然而，当她命有关部司撰著《谢太庙记》时，却遭到了抵制，认为皇太后谒太庙不能作为后世之法。

是时，刘太后祭拜完太庙，回到宫中不久又偶感风寒成疾。仁宗为此颁行大赦，为太后免灾。结果灾情未免，病情反而加重，竟致卧床不起。

仁宗为给太后治病，诏谕天下名医，诣京城诊治，终归无效，于三月二十九日，在宝慈殿的御床上，太后安然病逝，享年65岁，谥"章献明肃"。旧制太后皆二谥，称制加四谥，实自刘太后始。

对于太后的病逝，仁宗很是悲痛的。一是出于母子亲情，太后作为自己的母后，虽然在自己的婚姻方面有些擅权，但总的来说对自己还是十分关怀的；二是太后不辞辛苦，辅佐自己治理天下，顺利地完成了政权的平稳过渡，也是有功的。

因此，在太后病危时，仁宗在其身边哭成了一个泪人。过了很长时间，在杨太妃的劝慰下，才止住了哭声。至太后弥留，口不能言，尚用手牵扯仁宗衣服，若有所嘱。仁宗看到，未免疑惑，送终以后，出问群臣。

仁宗说道："刚才，母后在咽气之时，一直拽着朕的衣服，仿佛还有什么事情要交代。各位爱卿帮朕想想，母后还有什么心事想跟朕说呢？"

丞相吕夷简尚未开口，参知政事薛奎上前奏道："启禀陛下，刚才太后一直拽着陛下的衣服，是想告诉陛下，她想脱去自己身上的衮服呀。要不然的话，太后以一身的龙袍入殓，如何去见地下的真宗皇帝？这也不符合礼仪啊。"

仁宗听了这话，才恍然大悟地说道："薛爱卿所言极是，母后肯定是这个意思。"

仁宗便命左右内侍和宫女给母后更衣，换下衮服，以太后服装入殓。

大宋太后——刘娥

第二十八章　生平任由后人说

又因太后遗嘱，尊杨太妃为皇太后，同议军国重事，引得朝臣们的非议。

御史中丞蔡齐，对相臣说道："皇上已是成年人，知道天下大事的真伪。今日开始亲政，已觉太晚，难道还要个母后相继听政么？"

宰相吕夷简等终未敢决断。适逢八大王赵元俨入宫奔丧，闻知此事，竟高声说道："太后是帝母名号，刘太后已是勉强，现今又想立杨太后吗？"

吕夷简等大臣面面相觑，连仁宗也惊疑起来。

赵元俨又道："治天下莫大于孝，皇上临御十余年，连自己的生母也未知晓，这也是我辈臣子，未能尽职呢。"

仁宗越听越觉得惊诧，便问赵元俨："皇叔所言，令朕不解？"

赵元俨道："陛下乃是李宸妃所生，刘、杨二后，不过是代育。"

第二十八章 生平任由后人说

仁宗不待其说毕,便说道:"若情属实,皇叔为何不早说?"

赵元俨说道:"先帝真宗在日,刘后已经干预朝政,至陛下登基,四凶当道,刘后又讳莫如深,不允宫中泄漏此事。臣很早就想举发,但恐一经说出,臣获罪不足惜,万一有碍圣躬,伤及宸妃,臣将会遗憾终生的。

"臣十几年来,杜门养晦,不入朝拜谒,正想为今日明了此事。谅朝廷诸大臣,也和臣持同样的观念。"

"可怜宸妃诞生陛下,终身未诉,就是当时薨逝,尚且生死不明,传言四起呢。"

仁宗闻言,忍不住泪水盈眶,复问吕夷简道:"这事可真么?"

吕夷简答道:"陛下确系宸妃诞生,刘太后和杨太后共同养育,视若己子。宸妃薨逝,实由正命,臣却晓得底细。今日非八大王说明,臣也准备待时举发呢。"

仁宗至此,竟大声悲哭起来。想立即赶赴宸妃殡所,亲视遗骸。

吕夷简复奏道:"陛下应先顾公义,后及私恩。且刘太后与杨太妃,抚养圣躬,恩勤备至,陛下也应感恩戴德。"

仁宗只是哀恸,不发一言。赵元俨对夷简说道:"杨太妃若尊为皇太后,李宸妃更得尊为太后了。"

吕夷简乃奏明仁宗,仁宗略略点首。当即议定杨太妃尊为皇太后,删去"同议军国重事"一语。杨太后退居保庆宫,称保庆皇太后。李宸妃亦追尊为皇太后,谥曰章懿。至此,仁宗大宋太后——刘娥。

开始独立主政。

仁宗一面为刘太后治丧,一面下诏,责躬罪己,语极沉痛。继而又幸洪福寺,祭告宸妃,并亲自开馆验查,见生母身穿皇太后冠服,在水银的养护下,肤色如生,才感叹人言不可信,说道:"大娘娘平生分明矣。"自始待刘氏一门恩礼益厚。

明道二年(1033)九月,仁宗颁下诏书,章献明肃刘太后和庄懿李太后的灵柩同迁葬真宗寝陵永定陵。

是时,给刘、李两太后送葬的日期到了。仁宗第一个为刘太后的灵柩发引,宫里宫外一片肃穆,白花花的。大内奏起哀乐,响起一片哭声。仁宗皇帝、杨太后和郭皇后及众嫔妃宫娥都着一身丧服,啼哭着将刘太后的灵柩,慢慢地扶上龙輴(chūn,皇宫里专用的一种灵车)。一切妥当,灵车缓缓地启动了。

前后仪仗与官员一万多人,早在宫内外排好队伍,见灵车启动,也跟着慢慢移动。

仁宗将灵车送到宣德门外,行过礼,又去了洪福寺生母李太后暂殡的地方,为自己的生母起灵。当时,他趴在李太后的棺木上痛苦流涕地说道:"父母生育之恩,一辈子也不能回报。"李太后的灵柩起灵后,就跟随刘太后的灵车一起慢慢地行进。

送葬的队伍则沿着中央御道一直向前,到达十字路口,才折向西边,朝顺天门而去。大臣们随队伍出了顺天门,一直将灵车送至板桥,才行礼告别。

第二十八章　生平任由后人说

真宗的寝陵永定陵，在河南府永安县。章献明肃刘太后的灵柩要迁葬永定陵，灵车还要继续西行……

就这样，大宋朝首位垂帘听政的太后刘娥的一生落下帷幕了。刘娥是宋朝历史上非常传奇的一位女子。她生得貌美如花，既能歌善舞，又具有四川女子特有的温柔和过人聪慧泼辣。是一位有功于宋朝的女政治家，史称"虽政出宫闱，而号令严明，恩威加天下"。可以说，此时的刘娥，绝对不亚于西汉时专权的吕后，也不次于唐代的女皇武则天，好在刘娥这人"有吕武之才，无吕武之恶"。

总体来说，刘娥的政治才干与政绩，绝不在其夫宋真宗与其子宋仁宗之下，其临朝时的个人品行也应基本肯定。在她听政的天圣、明道时期，不仅恢复了宋真宗咸平、景德年间的发展势头，还为宋仁宗"庆历盛世"奠定了基础。